ACREDITE!

DUNGA

ACREDITE!

CINCO FASES PARA TER SUCESSO E SER UM VENCEDOR

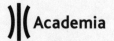 Academia

Copyright © Dunga, 2019
Copyright © Editora Planeta do Brasil, 2019
Todos os direitos reservados.

Preparação: Thiago Fraga
Revisão: Karina Barbosa dos Santos e Project Nine Editorial
Diagramação: Triall Editorial Ltda
Capa: Rafael Brum
Imagem de capa: Jesus Rocha

DADOS INTERNACIONAIS DE CATALOGAÇÃO NA PUBLICAÇÃO (CIP)
Angélica Ilacqua CRB-8/7057

Dunga, 1964-
  Acredite!: cinco fases para ter sucesso e ser um vencedor / Dunga. – São Paulo: Planeta do Brasil, 2019.
  192 p.

ISBN: 978-85-422-1552-6

1. Autoajuda 2. Sucesso 3. Vida cristã 4. Deus 5. Motivação (Psicologia) I. Título

19-0180   CDD 158.1

Índices para catálogo sistemático:
1. Autoajuda

2019
Todos os direitos desta edição reservados à
EDITORA PLANETA DO BRASIL LTDA.
Rua Bela Cintra, 986 – 4º andar
01415-002 – Consolação – São Paulo-SP
www.planetadelivros.com.br
faleconosco@editoraplaneta.com.br

SUMÁRIO

Prefácio — 7
Apresentação — 11
Introdução: o poder das ideias — 15
Primeira fase: zombado e contestado — 41
Segunda fase: respeitado — 69
Terceira fase: considerado — 105
Quarta fase: admirado — 135
Quinta fase: referência — 161

PREFÁCIO

Ao ler este novo livro do meu irmão Dunga, veio-me a mente uma conversa que tive com uma boa cozinheira. Para se preparar uma boa refeição, é preciso primeiramente gostar do que se faz e ter prazer nisso. Depois, é preciso selecionar os ingredientes com cuidado, na medida certa e assim cada um dos pratos terá um toque especial e terá um sabor único, deixando aquela sensação de "quero mais...".

Aqui, o Dunga nos apresenta pessoas que, em sua concepção, possuem esses ingredientes, e tudo na medida certa. Eles souberam dar um sabor diferente às suas vidas, gerando a empatia e a compaixão que deixa a vida com um sabor diferente.

Temos vários temperos, mas com o tempo o Espírito Santo vai nos ensinando que há alguns temperos que devem ser usados em todas as circunstâncias, como o Dunga aqui sinalizou: humildade, amor, alegria, paciência. Sem esses temperos fica faltando algo.

Tudo aqui na Terra tem um propósito, os temperos só encontram seus propósitos quando estão nas mãos de bons cozinheiros. E você, meu filho, minha filha, só encontrará o seu propósito quando estiver totalmente nas mãos de Deus. Assim como o tempero não pergunta, mas está totalmente submetido à vontade da cozinheira, quando você estiver totalmente submetido nas mãos de Deus você encontrará a verdadeira felicidade. Você será o tempero certo nas mãos de Deus.

Pe. Marcelo Rossi

APRESENTAÇÃO

O mundo precisa de referenciais. Nosso tempo tem uma sincera necessidade de enxergar o exemplo de pessoas que sejam realmente "matriculadas" na escola da virtude, e que iluminem os enredos da vida com atitudes valorosas, inteligentes e sensatas.

É fato que todo ser humano deseja vencer, mas, para isso, precisa construir o seu êxito seguindo nobres e exitosos modelos que o ajudem a progredir no caminho da virtude, superando suas fraquezas e aperfeiçoando suas habilidades. Assim o coração se tornará apto a superar-se e a edificar as conquistas e realizações que tanto sonhou.

Tenha certeza que é um pouco disso que você encontrará por aqui... Reflexões e modelos inspiradores nos quais poderá pautar seus passos, superando erros, aprendendo com as quedas desenvolvendo novas habilidades e se tornando alguém realmente vencedor(a).

Permita-se conduzir por Deus e pelas reflexões aqui propostas pelo querido Dunga, e tenha certeza que isso muito poderá contribuir em seu caminho de crescimento pessoal e de construção do êxito em inúmeras áreas de sua história.

Deus o(a) abençoe ricamente!

Pe. Adriano Zandoná
Canção Nova

INTRODUÇÃO

O PODER DAS IDEIAS

O mundo é movido por ideias. Elas oxigenam o tempo, o espaço e o contexto de tudo. A ideia é uma intervenção na história, por meio de pessoas que mudam o curso da humanidade. Quanto vale uma ideia? Quanto vale uma pessoa que tem ideias, uma equipe unida, motivada em torno de uma ideia?

Eu tinha apenas 10 anos de idade quando perguntei ao meu pai: "O que é uma ideia?". Ele me respondeu: "Ideia é o que ninguém pensou ainda para resolver meus problemas!".

Estávamos fazendo a estrutura do nosso quintal naquele dia, quando comecei a imaginar os problemas do meu pai. Sempre que me colocava em seu lugar, eu me sentia gigante, pois ele era mais alto, mais forte e mais experiente do que eu. Trabalhou durante trinta e cinco anos em uma fábrica de papel, onde, posteriormente, trabalhei doze.

Comecei, então, a valorizar a descoberta de soluções, após analisar problemas e buscar ideias, alternativas em que ninguém pensou para resolver meus problemas.

Quando meu pai ia para o quintal de casa após minhas aulas – era o local de estudo e a minha sala de aula –, eu tinha a oportunidade de "ouvir e escutar" aquela voz calma, humilde e sábia entre uma poda e outra, em meio a uma raiz de mandioca arrancada, um enxerto de laranja, ou até mesmo uma nova cacimba para cavar.

Sim, "ouvir" era aprender, adquirir conhecimento, descobrir o novo do dia. E "escutar" significava obedecer, fazer conforme, colocar em prática o aprendizado.

Foi assim que entendi o significado e a importância da palavra "ideia". Decidi ser um homem apto às ideias, sabendo que todas elas seriam úteis ao longo da vida. Muitas soluções, vinculadas a esforços e trabalho em equipe, fizeram da minha infância e juventude um período inesquecível. Na pobreza tínhamos de ser criativos. E veja hoje, aos 54 anos, aplico muitos desses aprendizados em minha rotina profissional.

Ideias concebidas ao longo do tempo são ideias aplicáveis; portanto, precisam ser aplicadas.

Há um histórico de conhecimentos, experiências, lembranças, êxitos, fracassos, acertos e erros que nos fizeram ser o que somos hoje. Quando estamos diante de uma situação nova, esse histórico é visitado e, em fração de segundos, nós o buscamos, como um arquivo, para solucionar os desafios. A ideia vem de dentro, de algo que você já tem, já é, já possui.

A ideia é você, sua história, sua herança, que agora chegou a hora de usar. É tudo que você estudou, arquivou, praticou nas mais diversas fases da vida, e de repente chega o prêmio: sua história gerou uma solução!

Você foi visitado, assaltado, contemplado por uma "ideia" geradora de soluções e novidades para um grupo de pessoas, um mundo corporativo, um tempo, um espaço! Você é portador de algo que ninguém pensou e capaz de solucionar problemas. E como meu pai dizia: "Ideia é o que ninguém pensou ainda para resolver meus problemas".

E assim se inicia em sua vida "As cinco fases para ter sucesso e ser um vencedor".

Logo no início deste livro, quero fazer um passeio com você. Vamos voltar alguns meses, anos ou até mesmo décadas em sua vida e recordar momentos em que com certeza você teve uma ideia, inspiração ou sonho.

Muitos deles tornaram-se realidade, outros não. Podem reativar uma área adormecida em sua vida, trazer à superfície tesouros enterrados – os quais estão protegidos e permanecem com aquela boa e singela intenção concebida para ajudá-lo.

Esforce-se para trazer ao hoje pessoas importantes que marcaram sua vida e fatos que, se pudesse voltar no tempo, você daria tudo para reviver.

Não só em pensamentos, com certeza você já teve boas ideias, simples ou pequenas, mas que o empolgavam muito. Você achou que elas transformariam sua vida financeira, profissional e até mesmo sentimental, mas por que ficaram no passado?

Agora isso não vem ao caso; afinal, foram e são muitos os fatores que colocam as ideias em uma área interna bem protegida, esperando um novo momento da vida para ressurgirem como uma fênix.

Façamos um exercício! Vou apresentar um quadro, com faixas etárias para você se localizar e se lembrar de uma fase de sua vida na qual você foi surpreendido por uma inspiração que o fez sonhar, gerando em você uma ideia. Mas não tenha medo de ser sincero a ponto de exclamar: "Nossa, eu já fui capaz de sonhar alto!".

Lembre-se do contexto no qual você vivia. Lembre-se também das ideias sem medo de constrangimentos. Dê uma nota para sua ousadia naquela época. Então, siga a leitura, pois essas ideias não morreram, estão apenas adormecidas.

Idade	Contexto da vida	Ideia	Nota
0 – 7			
8 – 13			
14 – 18			
19 – 30			
30 – hoje			

Em cada uma das fases, passaremos pela experiência natural de adquirir uma qualidade. E, em cada uma delas, descobriremos uma ferramenta eficaz – esta terá o objetivo de fazer com que a fase e a qualidade sejam impregnadas em nós com mais facilidade.

Veja, usei a palavra "natural", pois tudo que é natural é verdadeiro.

Fique atento, pois, cada vez que uma fase se apresentar a você ou que você se apresentar a ela, uma nova habilidade ou qualidade fará parte integral de sua personalidade. Como uma característica que até então você não tinha ou pelo menos não observava, dando a você um "caráter" diferenciado que o projetará ao novo, descoberto a cada esquina de sua vida.

A vida é curta, e a visão que temos dela é mais curta ainda. Sempre foi assim, nunca vamos entender o presente. Ele é, sempre foi e sempre será novidade. Problemas inimagináveis surgem dizendo "bom-dia", "cheguei", e por isso é assustador olhar para a esquina e querer imaginar o futuro. O passado percorrido proporciona certa compreensão; afinal, muito aprendemos acertando ou errando, e esta vida continua sendo um mistério. É por isso que viver é apaixonante. Só precisamos de um olhar um pouco mais otimista. Temos que ser mais esperançosos, fazer algo bom enquanto esperamos algo bom acontecer. Precisamos colocar em prática nossa bondade. Quanto tempo desperdiçado na frente da TV, do computador e do celular, nas redes sociais? Por que acordar tão tarde e desperdiçar cada precioso minuto do dia de hoje?

> A vida é curta, e a visão que temos dela é mais curta ainda.

Não é possível prever o que tem depois da esquina, então quero viver esta pequena reta sendo útil e despertando sentimentos novos e nobres, envolvendo-me com o bem coletivo, plantando bem cada semente que foi colocada em minha mão pela própria vida.

Veja o quanto você sabe fazer, o nível de conhecimento adquirido, e ponha tudo isso para funcionar. O quanto lhe foi dado para viver até hoje, viva!

A próxima esquina falará por si. Ela respeita você, fique tranquilo. Existe harmonia em tudo, até os problemas são proporcionais à sua história. Avance sem medo, as lembranças acarretam cura e superação. Ninguém esquece o que fez, o passado é um professor. Aponta para a reparação, para as oportunidades de refazer, de dizer de novo o que foi mal dito. Ele nos oferece a oportunidade de acumular sabores nos tornando sábios. A esquina da vida é lugar de passagem, de tempo de crescimento e conversão, pois talvez o caminho não seja de seguir em frente, e sim de voltar.

Já pensou em fazer o caminho de volta? Muitos descobriram que, naquela fase da vida, o melhor não era seguir em frente, mas voltar. Isso pode ter falado alto ao seu coração agora. Não tenha medo disso. Quantos pediram essa chance? Voltar ao lar, ao emprego, a alguém, a Deus!

Algo muito importante, também, é aprender a relembrar sem sofrer. Você se lembra da música "Recordar é viver, eu hoje sonhei com você"? Deus cruzou o nosso caminho com o de muitos. Pessoas fizeram a diferença sendo ora impulsos, ora barreiras, mas tudo orquestrado por alguém que tem um projeto para o qual você pode dizer sim ou não. Mas uma coisa eu garanto, alguém pensou em você com muito carinho. Analise comigo, puxe a memória!

Talvez enxerguemos somente até a próxima esquina. Muitos sequer chegam até ela em razão do medo de ver ou saber o que existe após a curva; e, assim, demoram demais nesse curto espaço em que é possível ver.

De esquina em esquina traçamos nosso caminho. Um mapa que servirá para as pessoas chegarem aonde chegamos.

Com certeza eu e você nos espelhamos em alguém: pais, um companheiro de trabalho, um líder espiritual, um amigo. Mas, sobretudo, alguém que viveu alguns anos a mais e que nos inspira nas áreas do saber, da disposição física, na sabedoria, na capacidade de resolver problemas. Ou nos projetamos nesse alguém simplesmente porque nos transmite paz e segurança. Analisamos o caminho que ele percorreu para chegar a determinado ponto e nos identificamos, pois sabemos que temos que fazer o nosso e admiramos quem fez o seu.

> As ideias são a soma de tudo que vi, ouvi, senti, percebi e concluí!

As ideias são a soma de tudo que vi, ouvi, senti, percebi e concluí!

Não despreze nada. Nenhum acerto, mas também nenhum erro. Afinal, tudo serve de adubo para fecundar a fase atual. Somos feitos de tudo que vivemos, por isso Deus não nos deu capacidade para esquecer o passado, as dores, os medos, os anseios, as alegrias, tudo!

A soma de tudo isso está nas profundezas da alma, disponível para quando quisermos usar para obter novas ideias – como aquele quartinho de ferramentas, que, mesmo bagunçado, escuro e sujo, sabemos quais ferramentas guardamos e que, no momento certo, elas serão imprescindíveis para executarmos tarefas específicas.

Sabe aquela cena que nunca o abandonou e faz você se sentir mal quando vem à mente? Pois é, até ela será útil, bem como tudo que você também ouviu, sentiu e percebeu.

Quando visito países com milhares de anos de história, tento descobrir a quantos metros do chão está o piso original, pois as camadas das civilizações que por ali passaram contam sua história. Na arqueologia chama-se "estrato", camadas onde pedras, ossos, moedas, utensílios, podem contar essa história e trazer novas conclusões e ideias. Passeie um pouco por suas camadas de experiências sem medo de encontrar fatos marcantes, pois você é feito disso. Se algo ainda lhe fere, é porque você sempre fugiu ou desprezou, não dando a importância devida à sua história. São essas camadas que irão emergir, trazendo o novo, a inspiração, a certeza de que agora dará certo. Você cresceu e hoje pode dizer que aprendeu a lidar com o que a vida lhe apresentou precocemente!

Você já viveu a experiência de voltar a lugares que pareciam enormes quando você era criança e agora, adulto, você diz: "Mas era tão grande e agora não é mais!". Você cresceu!

Na primeira vez, um problema se apresenta gigante a nós. Na segunda, nem tanto e, na terceira, ele parece bem menor. Às vezes o tamanho do problema é o mesmo, mas você ficou maior, cresceu e aprendeu a lidar melhor com as situações. Tudo que foi vivido pulsa dentro de você e agora chegou a hora de dar uma resposta à vida, que lhe pede isso todo dia. Contudo, quanto melhor for a pergunta, melhor será a resposta!

Hoje a vida faz novas perguntas a você ou as mesmas de antes. Sua chance de dar a volta por cima é dizendo a ela: "Tive uma ideia!".

Eu disse que o mundo se move por meio das ideias; a cada novo momento de uma sociedade surgem novas necessidades e oportunidades. Você, eu ou qualquer outro pode ser contemplado com a solução do problema que dará um novo rumo à vida de milhares de pessoas.

E quando isso acontece? Eu coloco na conta do curso da humanidade, que se sujeita ao projeto do Criador, que calculou a velocidade do vento, do giro da Terra, da luz e também da disposição do homem dentro de seu livre-arbítrio.

Deus Pai Criador, para nós, cristãos, essa ideia é bem clara. Deus Pai cria e por isso deu a nós um dom maravilhoso, a criatividade! Foram muitos os momentos da vida em que a criatividade salvou você de situações embaraçosas e constrangedoras – muitas vezes, o bom humor era a melhor opção!

Para vê-Lo como Deus e Criador, tente se lembrar de sua infância e da sua criatividade para inventar brincadeiras e brinquedos – levando honra à pobreza –, os amigos imaginários, o faz de conta que preenchia suas tardes de domingo.

Recordo-me de duas situações que me deram a certeza do Pai Criador. A primeira é de quando eu era criança, antes dos 7 anos. Eu e minha irmã, Sandra, íamos ao lixão da fazenda – era praticamente uma montanha de entulhos de toda espécie – à procura de algo que pudesse transformar-se em um brinquedo. Tínhamos um carrinho de mão desses que pedreiros usam em obras, e lá íamos nós dizendo um para o outro: "O que será que vamos achar hoje? Vi o caminhão de lixo chegar esta semana". Parecia que estávamos em um grande shopping a céu aberto. Certas vezes dividimos espaço com urubus, corríamos livres e descalços. A cada objeto que encontrávamos, dávamos graças a Deus – frase aprendida com nosso pai, que tinha o hábito de levantar seu chapéu marrom e suado toda vez que algo bom acontecia. Voltamos para casa com o carrinho cheio: capacetes de segurança, tampas de panela, cordinhas de varal, brinquedos quebrados e tudo aquilo que era nossa matéria-prima para criar. Falávamos um para o outro: "O que vamos criar?".

Duas crianças ligadas pelo sangue e também pela alegria e nobreza da pobreza. Tínhamos um relacionamento íntimo com Deus Pai Criador.

A segunda lembrança que tenho é de minha mãe, em casa, exercendo sua criatividade e relacionando-se com o Criador. A cada dia, um banquete era colocado à nossa mesa: pequenas porções das sobras da semana e, principalmente, do almoço de domingo – além de estar à mesa, o alimento destinava-se às marmitas do meu pai e do meu irmão mais velho e, também, à sua própria marmita, pois às 14 horas começava seu turno na fábrica da fazenda. Não faltava nada. No quintal, tínhamos tudo. A carne sempre era para colorir, como um pequeno detalhe no meio do feijão, enquanto verduras e peixes pescados no *corguinho* espalhavam-se pela mesa. O suco era o caldo de cana, que doía a testa de tão doce. Na pinguinha do meu pai ninguém mexia.

Deus criava e recriava no nosso meio.

As roupas que eu vestia haviam sido usadas pelos meus irmãos. Era um vestido da Fi que virou camiseta, calça do Geraldo, blusa da Lourdes, casaco da Sandra que se transformou em meu short favorito para ir à missa. A máquina de costura nunca ficou parada mais de dois dias.

Meu pai era especialista em enxertos nos pés de laranja, criava gostos e sabores novos em nosso quintal. Fazíamos cerca e discutíamos o que plantaríamos, pois os vizinhos também usufruiriam do que decidiríamos plantar.

Como não acreditar na existência de Deus Pai Criador, sendo que nós éramos cocriadores com Ele em nosso dia a dia. Ao escrever isso, confesso que diversas vezes parei para simplesmente chorar de muita alegria, pois hoje sou o que minha vida me proporcionou ser.

Às vezes pode ser involuntário ter pensamentos como se tudo isso fosse fácil, já que estamos falando de um Deus que criou o firmamento, a água, os animais, a humanidade. Mas não é fácil!

Quando o povo escravizado na Babilônia percebeu que a tradição se perdia, fez-se necessário escrever sobre como Deus criou a Terra. Trabalhavam pesado e com saudade da pátria. Gerações e gerações viveram histórias contadas de pai para filho durante centenas de anos. Agora, precisavam escrever tudo que haviam conhecido, para que nada fosse esquecido.

Como você acha que fizeram isso? Deus Pai Criador também estava presente, dando criatividade ao povo para escrever segundo sua realidade, como eles entendiam a criação. Deus permitiu que Seus filhos escrevessem sobre Ele, o barro, a água e o vento. Estar fora do paraíso, da pátria, os deuses proibidos que alguns cultuavam, as leis das quais ainda se lembravam, tudo isso levou o povo a escrever Gênesis, a origem, e outros livros subsequentes da Bíblia.

Pense como Deus Pai Criador usa da criatividade inoculada em cada um dos filhos para criar hoje e desde que decidiu formar um povo a partir de Abraão.

Ter ideias é participar da dinâmica constante da intervenção de Deus na história da humanidade. De um pedreiro a um cientista, de uma criança a um ancião completamente cheio de sabedoria, Deus age com amor para recalcular e redimensionar a vida de cada um. Como dizia meu pai, "Ideia é o que ninguém pensou ainda para resolver meus problemas".

Um cálculo difícil de se fazer para quem é finito, como eu e você, mas não para quem é eterno, que pode observar Sua criação. Mas eu e você temos uma vida para viver, e, na minha vez de viver, estou exposto a esta possibilidade de ser portador de algo que beneficiará milhões de pessoas, que virão após minha passagem por este tempo e espaço. Isso se chama legado!

É necessário coragem e disposição para expor a "ideia" que você está tendo agora. Em uma linguagem espiritualizada seria "inspiração", algo que o próprio Deus, em Sua infinita criatividade, escolheu você para continuar a criar. Deus não para de ter ideias e usa Seus filhos para essa atitude de amor com a humanidade.

Neste momento, quando as ideias borbulham, o nosso interior vive uma primavera de lembranças, inspirações, os sonhos se misturam com as ideias e se faz necessário dizer toda manhã: "Bom dia, Espírito Santo. O que vamos fazer juntos, hoje?".

Essa será a oração mais curta e eficaz do seu dia a dia, para o resto da sua vida. Imagine agora tudo que está dentro de você, em forma de conhecimento e sabedoria, encontrando-se com a disposição e a permissão para Deus fazer uma obra nova. Ele está em todos os momentos, é o Senhor do tempo. Todos os sabores da vida experimentados até então, bons ou maus, o conhecimento acumulado de tudo que você estudou, com o estímulo do Espírito Santo que vive em suas entranhas, todas essas intuições e inspirações serão transformadas em ideias claras que darão um novo rumo para você em sua vida.

Estou falando de vida, de intimidade com Deus, de oração, de leitura de bons livros e da Bíblia. De ficar atento a sinais diários, de se abrir à misericórdia e compaixão. De padecer com os irmãos, amigos e colegas de trabalho. De sofrer e sorrir junto daquele que por um tempo foi colocado ao seu lado para que vocês passem juntos pela experiência de descoberta das cinco fases, qualidades e ferramentas que esperam por você para fazer valer, de fato e de direito, sua única passagem por este mundo.

Ser uma pessoa inspirada é ser capaz de atrair o que há de melhor no outro. Todos querem ser e dar o seu melhor. A vida oferece, oportunamente, a sensação de se estar fazendo parte de algo grandioso, mesmo sendo um início pequeno. Tudo fica mais claro. Você enxerga em tudo a possibilidade de algo inovador. As crises – as "peneiras" – dão a você a chance de purificar a inspiração para tornar as ideias ainda mais claras. Palavras, gestos e atitudes passam a ser coerentes ao que se passa dentro de você. Você e quem está ao seu redor passam a respirar novos ares. Esse é apenas o início do caminho.

Agora quero percorrer com você um caminho que, em minha visão, possui cinco fases, as quais despertam cinco qualidades e me levam a usar cinco ferramentas. Na leitura, alguns detectarão as etapas e atribuirão nome ao que se instalou em seu caráter. Para outros, elas vão servir como metas a serem alcançadas. Para todos, sem exceção, serão a constatação de que nascemos para dar certo e de que desistir nunca será uma boa opção!

Os sabores da vida nos deram a condição de sábios. A soma de tudo será surpreendente se reconhecermos os nossos erros – extraindo deles o aprendizado – e também os acertos, entendendo-os como fruto das boas escolhas e da parceria com bons propósitos e com pessoas que nos acompanharam. Muito se fala em conversão. Quando se atribui um aspecto espiritual a essa expressão, medo ou rejeição são gerados, uma vez que, em geral, vincula-se a palavra "conversão" exclusivamente à religião. No entanto, não é nesse sentido que a palavra deve ser empregada.

Converter-se, mudar a direção, recalcular a rota deve ser uma atitude constante da vida. Se estivermos abertos à readequação, vamos acertar mais. Permita-me usar uma passagem bíblica que há anos me acompanha: "Se tu te converteres, eu te converterei, e na minha presença ficarás. E se souberes separar o que é bom daquilo que não presta, serás a minha boca" (Jr 15,19).

Em todas as fases da vida, precisamos estar abertos à conversão. Se isso acontecer, se mudarmos o trajeto após percebemos o erro, estaremos de volta ao caminho traçado por nós mesmos e principalmente por Deus. A nós é dada a liberdade de sair e de voltar para o plano quando queremos. Por isso a expressão "se" Deus pode nos transformar conforme o seu propósito e também temos a chance de não mais fugir dessa possibilidade que nos foi apresentada várias vezes e da qual nos dispersamos por imaturidade.

Após a conversão, aprendemos a separar o que é bom daquilo que não presta. Essas coisas bem definidas nos farão mais assertivos, pois estará claro, e com os olhos percebemos o caminho, o atalho, o descaminho e o caminho de fuga necessário. Assim nos tornamos boca de Deus, boca sábia. O primeiro a se empolgar será você mesmo, pois se convencerá ao enxergar o melhor de si.

Bem-vindo ao *Acredite! Cinco fases para ter sucesso e ser um vencedor.*

PRIMEIRA FASE

ZOMBADO E CONTESTADO

Não se assuste. É isso mesmo. Todos os gênios, cientistas, artistas, pensadores, líderes, inventores, fundadores, exploradores, antes de serem reconhecidos como tal, experimentaram o sabor da zombaria e da contestação. Lembrando: da palavra "sabor" origina-se a palavra "sabedoria". Quem saboreou tornou-se sábio. Os amargos e bons sabores da vida formam o equilíbrio do homem, que sabe ler sua história e se compadece da história do outro.

Veja bem, é algo novo, contemporâneo, inovador, é resposta a pessoas que estão ávidas, mas que simplesmente esperam por soluções. Essa experiência acontece com alguém que está inserido de alguma forma em um grupo, portanto o grupo o conhece, relacionam-se, conversam, amam, odeiam, competem – e, se me esqueci de algo, complete, por favor. Ao ser contemplado por uma ideia e ao ter coragem de expô-la, o grupo reagirá bem ou mal, mas reagirá.

Creio que na infância vivíamos isso com naturalidade. O respeito não era tão aguçado em nós e por isso tínhamos mais liberdade em nos expor e criticar sem nos machucar. Era um tempo de liberdade de descobertas e, por consequência, de felicidade. Esse tempo pode voltar, mas com esforço e rompimento de paradigmas. Saiba, porém, que faz parte da têmpera de uma ideia ser questionada, contestada ou até zombada. Cada vez que a expomos e a defendemos diante de alguém, ela adquire mais volume e clareza em nós – argumentos intuitivos fluem de nosso interior e o raciocínio ganha uma velocidade recorde, uma vez que buscamos dentro do nosso repertório argumentos-base para elucidar essa inspiração. Então vale recorrer a tudo que você viveu, todas suas histórias da infância, adolescência, juventude e vida adulta. Foram essas fases que acumularam em você experiências que vêm à tona e diante de uma determinada situação, um problema ou um desafio, chegando em forma de ideia e solução.

Aí é uma questão de honra. Uma santa teimosia envolve você, e a certeza precisa se instalar. Você vê, raciocina, calcula e percebe que pode ajudar, "servir" e melhorar a vida de alguém!

Quantos desistem nessa hora, não vão em frente? Afinal, por quê?

Por que suportar a oposição de quem será beneficiado por algo que só você pensou? Não se assuste com essa questão. Não é orgulho. Sim, só você pensou, e é assim mesmo, sua história lhe credenciou para isso. Sua história de desencontros, perdas, fracassos, vitórias, encontros e ganhos fizeram de você um sábio, pois a ideia está mais relacionada à sabedoria, à inteligência.

ganhos fizeram de você um sábio, pois a ideia está mais relacionada à sabedoria, à inteligência.

Deixe-me tocar em uma área um pouco incômoda: as suas fugas. Você pode fugir várias vezes ao longo da vida, momentos nos quais, em razão das intempéries da jornada, desiste de sonhos, não ouve a inspiração e, apesar de ter uma boa intenção, não segue em frente.

Você tem de lutar contra o desejo de desistir. Sim, lutar. Luta interior, pois desistir não deve ser uma opção. Desistir por quê? O melhor está por vir. Se você esteve no limiar da virada radical da vida, a sua conversão, e por algum motivo – talvez a falta de incentivo da pessoa que você mais considerava ou do apoio e da palavra de conforto do pai, da mãe, do melhor amigo – a expectativa foi grande e não foi atendida, consequentemente você se frustrou.

A vida precisa de frustrações também! Não se assuste, elas propiciam resiliência e persistência. Sem essas não vencemos as batalhas, que, por incrível que pareça, são proporcionais à nossa força:

"Não tendes sido provados além do que é humanamente suportável" (1 Cor 10,13).

Você precisa confiar nisso e seguir em frente. É a única solução. Fugir só se for do erro e do pecado. Da luta não se foge, da luta aproxima-se, corpo a corpo, sentindo a respiração do oponente, medindo força, tamanho e sabedoria empreendida no objetivo.

Volte a sonhar, veja quanto tempo já passou e como você cresceu e ainda não esqueceu a inspiração, e a ideia começa a ficar clara, porém agora em um organismo mais estruturado, forte e sábio. Mire de novo o campo de batalha. Volte-se para ele. São velhos adversários. O medo é ferramenta de proteção e não barreira de impedimento e opressão. Saiba administrá-lo. Ele chega a ser amigo se bem interpretado. Ele dirá: "Espere, observe e avance".

Nenhum soldado vencedor ou perdedor dentro de uma guerra pode ser separar do medo. Mas ao vencedor foi dada a graça de saber que ele é um dispositivo que pode ser acionado pela inteligência e não pela simples e ingênua emoção.

Finque as estacas, amplie a tenda, estique as cordas (Is 54,2). Entender é entrar na tenda, ampliar o conhecimento, fortalecendo sua base, pois mais pessoas saborearam de seus conselhos e de suas ideias.

Claro que em qualquer fase da vida você pode ter ideias, porém, se considerar que já errou e acertou mais que a maioria por tempo ou intensidade, desde sentar em uma cadeira na ponta da mesa ou em um banco de praça, o caminho percorrido dá o sabor. E, diante da situação, esse assalto da sabedoria pega você e, como uma explosão, eis que você vê o que ninguém viu!

Desistir não é uma opção, e sim uma fuga.

Quando eu era pequeno, os armários da minha casa tinham um nome muito curioso: despensa. E tudo de que precisávamos aleatória ou frequentemente, minha mãe dizia: "Pega lá na despensa". Assim, aprendi o significado da palavra "indispensável".

Mesmo na prateleira, por muito tempo sem ser solicitado, você é indispensável. A qualquer momento, uma nova necessidade surge e você será a providência da vez ou, se você preferir, "a boca da vez", justamente pelo fato de você ser único.

Às vezes você fica meses, anos ou décadas sem ser visto como solução. Em vez de se sentir esquecido, sinta-se como uma arma secreta, ou melhor, uma fórmula secreta feita para momentos de profunda complexidade e de solução simples. Somos todos indispensáveis por isso, porque somos únicos. Sua história é uma reserva de sabedoria, visão, sentimentos e ousadia que se explodirá na hora exata, e por esse motivo existe uma expectativa enorme na revelação de um filho de Deus (Rm 8,19).

Revele-se na hora certa, surpreenda na hora certa e chegue na hora certa. Espere ser solicitado e, quando isso acontecer, tenha coragem de assumir como uma pessoa indispensável.

No coração das pessoas que você ama, um olhar diferente observa você e diz: "Ele vai se manifestar". No pensamento de quem rejeita você, há também um olhar que o acompanha esperando esse momento.

Você sempre terá receptores e opositores, e para ambos você será indispensável: ambos se alimentam dessa expectativa. Não fuja, esse será seu campo de batalha, conheça seus aliados e também seus adversários, tenha-os por perto, não se afaste do amigo e mantenha certa distância do inimigo que também observa seus movimentos. Saiba que essa luta tem vencedor e você está do lado dele, e ele não dará a você uma carteirinha de dispensa militar, só de alistamento. Volte para seu campo de batalha, pois sua ideia tem que ser conhecida.

Aqueles que não fogem vão em frente. Os argumentos melhoram. Ao dormir e ao acordar, a ideia vem mais forte, mais clara, mais empolgante. Cada vez que a defende, você se convence de que está grávido e a solução está para nascer.

Mas vamos recordar de algumas boas ideias que você já teve. Busque em sua história, tente se lembrar da sensação agradável provocada em você e tente dar um nome a ela. Vou tentar ajudá-lo quem sabe o nome poderia ser "útil". Palavra pequena, simples, porém forte. Tudo que é útil é necessário, portanto você foi necessário em determinado tempo e espaço, e isso deu a você um nome: indispensável. Sei que essa palavra foi usada muitas vezes, como por exemplo: "Ninguém é: indispensável", para expressar algo negativo. Sim, você é indispensável, todos somos indispensáveis, pois somos únicos e nos completamos.

> Sim, você é indispensável, todos somos indispensáveis, pois somos únicos e nos completamos.

Ao deixar dois exemplos de minha vida, gostaria que você fizesse sua interação com o livro. Perceba que este livro é seu, uma experiência pessoal de leitura. Você poderá voltar a ele e reescrever algumas coisas daqui alguns anos.

Liste sem medo dois fracassos e também dois sucessos.

Meus fracassos	Meus sucessos
Meu sonho era servir o exército, então me preparei para isso. Sonhava com a farda, com a disciplina, com as fotos do meu irmão mais velho. Mas, um dia depois do exame de seleção, fraturei feio o braço esquerdo e por isso não pude servir minha pátria.	Sonhava em cantar na Inglaterra, quando pequeno. Dublava os Beatles e sonhei com isso toda a minha infância passada nos anos 1970. Em 2003, pela primeira vez, fui ao Reino Unido. Desde então, com frequência, canto, prego e escrevo minha história também na Inglaterra.

Fracassos	Sucessos

Recomeçar após a derrota é tão bom quanto a vitória. Você é mais do que imagina. Você é um projeto de Deus que uma nuvem de testemunhas ao seu redor anseia por ver. Anime-se, chame o Deus que está dentro de você, converse com Ele e surpreenda-se com as vitórias alcançadas a partir dos recomeços de suas derrotas.

Qual o valor de uma pessoa detentora de uma ideia, que enfrenta oposição e zombaria pelo simples fato de, com essa ideia, querer melhorar a vida dos outros? Você tornou-se indispensável. Parabéns! Agora você se recorda disso com muita alegria. Que tal rever hoje, exatamente no ponto a que você chegou, a sensação de ser "utilidade pública"? As pessoas podem, com nobreza e honestidade, usá-lo para alcançar um novo estágio de vida – o qual dificilmente alcançariam sem você.

Recorda-se do que eu disse no início deste tópico? Em cada fase desenvolveríamos uma qualidade. Sim, a qualidade dessa primeira fase é a *escuta*.

A certeza de que eu e você precisamos ir até o fim desse desafio virá por meio de um processo profundo de escuta de fatos, pessoas, nosso interior, contextos, ambientes e principalmente Deus, aquele que criou e capacitou você para ser um canal daquilo que é novo para um novo tempo.

Entender o agora não é fácil. As coisas estão quentes e pulsantes, e somos praticamente guiados pela intuição. É difícil perceber em meio a um turbilhão de raciocínios e emoções que Deus o escolheu para uma determinada missão. Seria questionado por sua timidez ou soberba humana. Não se assuste com isso. Soberba e timidez existem para percebermos que você é selecionado por Deus, escolhido segundo Sua infinita sabedoria. Por mais incrível que possa parecer a indicação de seu nome para algo importante, é necessário exercitar a leitura dos acontecimentos passados e a somatória de fatos que apontam para a preferência de Deus. "Pois muitos são chamados, mas poucos são escolhidos" (Mt 22,14).

Ao caminhar com Deus, você primeiro tem a sensação, depois a certeza de uma escolha. O tempo nos leva a ser parceiros de Cristo, construindo uma amizade profunda, constituída a partir de lágrimas, tempo e intimidade. A escolha vem desse caminhar, descobrir junto com Ele o que tem depois da próxima esquina.

A escolha está mais relacionada à certeza dessa amizade e não à sensação de ser solicitado. Vamos entender os planos de Deus. Vamos mergulhando no mistério da vida, com a intenção de participar efetiva e afetivamente das interversões de Deus na vida do próximo. Ao nos apresentarmos diante das necessidades, existe uma predisposição em nos fazer o bem e, quando isso se passa, por um determinado tempo, fica nítido que fomos chamados, que respondemos "sim" e por isso fomos escolhidos. Não foi pelas qualidades ou capacidades, e sim pela resposta. Meu "sim" e seu "sim" valem o peso do ouro multiplicado por milhões; afinal, só Deus sabe aonde vamos chegar. Ele nos ama, quer que todos se sintam nessa condição, apesar de saber do livre-arbítrio de escolhê-Lo ou não. Escutar a Deus na oração, na leitura da palavra e no silêncio é uma disposição interna para acolhê-Lo no mais íntimo momento, por alegria, euforia, sucesso e fracasso – Ele está ouvindo você, independentemente da forma como você se expressa. A certeza de que a precisão das escolhas para decisões que mudarão o rumo de sua vida, vem dessa relação com Ele. Só me sentirei escolhido se aprender, de verdade, a ouvi-Lo.

Olha só que experiência incrível que fiz por muitos anos, ainda em minha juventude, com a qual aprendi a escutar o que realmente importa. Recordo-me de uma de minhas funções em uma fábrica de papel, na qual por doze anos trabalhei na área de manutenção. Nela, fui muito treinado a escutar rolamentos. Seiscentas bombas de água, massa e óleo eram ligadas a redutores e motores girando em alta velocidade. Havia máquinas de todos os tamanhos. Ouvi-las era primordial para uma boa parada programada. O tempo de manutenção estava associado ao tempo de não produção; portanto, a certeza de que realmente deveria parar a linha de produção seria feita a partir de uma escuta minuciosa. A certeza e a escuta tinham que caminhar juntas.

O treinamento era feito em uma cabine isolada acusticamente. Nela, eram projetados muitos sons, próprios do ambiente de fábrica, e, junto com todos eles, o som específico de um rolamento bom e de um ruim. Os sons eram inseridos e retirados, junto com correias, engrenagens, buzinas, apitos e entre outros. Sabíamos exatamente o som que queríamos ouvir e em meio a tantos sons diversificados. Éramos capazes de isolar o som que queríamos e, em meio a tanto barulho, encontrávamos o que de fato interessava. Assim, a certeza de parar a fábrica tornava-se uma decisão tranquila.

> Escutar traz certeza!

Escutar traz certeza!

"Fala, que teu servo escuta" (1 Sm 3,10). Um bom pensamento diário em meio a decisões, escolhas, confrontos entre amigos, adversários e inimigos é este: Fala, Senhor, que Teu servo escuta!

Ainda jovem, Samuel servia a Deus no templo como um aprendiz sob os cuidados de Eli. Certa noite, por três vezes, Deus o chamou pelo nome e por três vezes Samuel foi correndo a Eli perguntando: "O senhor me chamou?". Logo, Eli percebeu que através de Samuel o Senhor voltava a falar com seu povo, pois era a palavra de Deus naquele momento, ele próprio, velho, percebia a decadência do seu serviço como sacerdote.

Eli disse ao seu aprendiz que, se ele ouvisse de novo o chamado, que não fosse até ele, e sim respondesse: "Fala Senhor, que Teu servo escuta!".

Samuel se tornaria o elo de dois tempos bíblicos e sagraria o primeiro rei de Israel a partir da escolha de Deus, o rei Saul. Uma mudança radical na história pode vir simplesmente da escuta por um homem da voz de Deus. E se esse homem for um presidente ou líder militar de um país, cientista, médico, jovem ou ancião, o que pode ser mudado na humanidade a partir da escuta da voz de Deus?

Certo dia Deus me disse: "Ensina a juventude a dizer 'Por Hoje, Não', por hoje não vou mais pecar". Assim, nasceu um dos maiores eventos para jovens no mundo, o PHN. Visitando centros terapêuticos ou casas de recuperação pelo Brasil, ao ouvir centenas de jovens narrando seus dramas, fui inspirado por Deus a pensar nessa proposta. Fruto da escuta de Deus e também da escuta do próximo.

Escutar sempre será um exercício diário. Escutar o cônjuge, os filhos, o amigo, o companheiro de trabalho, o chefe, o subordinado, a intuição e, claro, escutar a Deus.

Ah, você pode estar pensando: mas não acredito em Deus. Não importa, o importante é que Ele acredita em você!

Chame-o como quiser, você tem essa liberdade, mas de fato o que você precisa é escutar!

Por vezes a certeza virá por intermédio da voz de alguém, que ouvirá você e, então, o escutará.

Mas como assim? Há diferença entre ouvir e escutar?

Primeira qualidade: ouvir e escutar

Sim, ouvir é aprender, adquirir conhecimento. Escutar é obedecer, aplicar o que se aprendeu. Ouça pessoas, escute você, seu interior, sua consciência, sua alma. Esse é o diferencial daqueles que se destacaram, pois ouviram muito, ouviram de tudo em todas as fases da vida, porém filtraram, escutaram e discerniram o que era melhor.

Lembre-se de sua mãe dizendo: "Leve o guarda-chuva". Naquele momento, você estava aprendendo com a sabedoria de sua mãe, no entanto, você não levou o guarda-chuva, voltou molhado para casa e precisou ouvir sua mãe dizer: "Quem mandou não me escutar?".

Claro que, ao ler este trecho do livro, você se transportou alguns anos e entendeu que, por muitas vezes, teve a oportunidade de ouvir/aprender e de escutar/obedecer. Escute aquilo que um dia você ouviu. Traga à tona o ensinamento da vida e aplique tudo nessa inspiração/ideia. Você está apenas na primeira fase do homem vencedor.

Por favor, não desista. Desistir agora é abortar a missão! Seu ambiente perceberá que você está diferente e talvez mais introspectivo ou extrovertido, comunicativo, observador e entrando em coerência com a ideia que está sendo gerada em você. Não apenas os pensamentos, mas agora o discurso e as atitudes estão falando por você. Agora há uma expectativa no ar, como uma mulher próxima a dar à luz, assim você aspira por esse parto normal, cesárea ou até fórceps, pois a ideia simplesmente tem que nascer. Você enfrenta todos os comentários contrários, toda a zombaria, mas sente que chegou a hora, talvez pela primeira vez, de realmente seguir em frente.

Resistência! Agora você acredita em si, naquilo que você concebeu. Não há como negar uma gravidez de nove meses. Os sinais são percebíveis e só há um sentimento: expectativa. Todos ao seu redor já perceberam, os comentários são em voz alta, tem gente querendo apadrinhar. Você se sente responsável por esse filho, vai nascer de você. Quando você se olhar no espelho, será nítido que algo grande está por vir. Você encarou, não recuou, ouviu, escutou, discerniu, assumiu, adquiriu a primeira qualidade de um homem vencedor por meio da primeira fase. Você aprendeu a escutar. Agora você está com facilidade para lidar com seu filho, pai, amigo, companheiro de trabalho, chefe, subordinado.

Você olha nos olhos, aprendeu a dar atenção, a se explicar, a colocar na mesa suas intenções. Você é uma pessoa acessível e que sabe acessar. O ambiente ao seu redor já é outro, e começa a nascer uma sensação nova dentro de você, que você até então não conhecia, mas sonhava com ela. As pessoas olham para você e escutam você de um jeito diferente. No caminho que fizemos até aqui, comparei você a uma mulher grávida, pronta para dar à luz, fazendo o bom uso da *paciência* – ferramenta essencial em seu processo de crescimento.

Primeira ferramenta
Paciência

Dói esperar? Claro, porém paciência não é apenas o dom de esperar, e sim uma ferramenta superimportante na conquista do que se almeja.

Os grandes generais da história, além da ousadia dos ataques, também possuíam o dom da observação e da leitura correta da situação. A paciência opera em nós de forma perfeita nos fazendo íntegros e sem fraqueza. (Eclo 2,1-3).

> A paciência opera em nós de forma perfeita nos fazendo íntegros e sem fraqueza.

Paciência: será necessário compor esse dom com algumas características que você possui, porém não são usadas ou valorizadas. Dons menos famosos como: humildade, justiça, temor a Deus e firmeza. Para esperar a conclusão dos acontecimentos, um exercício árduo é exigido, sendo necessário sofrer as demoras, escolher as palavras, esperançar e aceitar o inevitável, até que sua vida se enriqueça – estou falando de riqueza não mensurável financeiramente – das fortunas que ninguém consegue roubar, tesouro acumulado no céu e no coração.

Quando tudo parecer contrário a alguma ideia, tenha paciência e espere no Senhor, com alegria, pois ninguém está vendo o que você já viu. Visão além do alcance das mãos ou do volume de uma voz que ofende, a serenidade invade seu corpo, a inteligência emocional toma conta de suas entranhas, um novo ser começa a nascer, a pressão externa passa a ser uma massagem estimuladora ao seu interior. Enquanto todos gritam, você canta interiormente. Você já é uma pessoa acima da média.

É formação e integralidade de todas as suas habilidades. Mas esse processo não é mágico, não muda do dia para a noite. Como diz o velho ditado, o apressado come cru, pois não se vê uma criança com paciência ou alguém extremamente necessitado de algo com essa ferramenta em uso. A paciência é um treino estratégico feito em momentos específicos. E por muitas vezes faremos uso dela. Ela é essencial para a primeira fase, na qual você está sendo zombado, aprendendo a ouvir e a escutar.

Está buscando o discernimento de uma inspiração que só você tem, e a paciência é a alavanca para mover as coisas pesadas à sua frente. Você precisa estudar o ponto onde colocá-la para mover o gigante Golias do seu caminho. Sofrer as demoras próprias das coisas boas da vida até que elas se instalem ao seu redor. Esperar o tempo do outro e as confusões próprias causadas pelas dificuldades de comunicação.

O tempo está totalmente relacionado à situação: um ano e um segundo pode ser pouco tempo ou muito tempo. Você se lembra da música "Trem das onze"? "Não posso ficar nem mais um minuto com você...".

E aquela notícia: você foi reprovado na escola, "mais um ano" na mesma sala. No consultório com dor de dente aguda e você tem que escutar: "Espere só trinta segundos" ou no final de um mês, quando o salário já acabou, e o filho pede só mais um sorvete.

As demoras precisam ser absorvidas e processadas, acumuladas em forma de muita sabedoria. Só quem sente os sabores torna-se sábio. Até que seja entendido por alguém o que eu penso, esperarei com paciência. Farei algo útil enquanto aguardo a compreensão dos outros, daquilo que é nítido em mim.

Lembre-se de que entre emissor e receptor existe ruído, que compromete todo o projeto. Observe a água de um monjolo a socar o milho. Parece ineficaz, mas não é. A força e a frequência são determinantes na qualidade da farinha. Força e frequência dosadas são carinho contínuo em algo ou em alguém.

Você foi contemplado por uma ideia que é o sonho de alguém ou a inspiração de muitos. Seu mundo ampliou, e o contexto ficou maior do que o texto. Você tornou-se fator de influência na humanidade. Ninguém pensa em seu ritmo, alguns são até mais rápidos do que você. Paciência com os outros e consigo. O que fazer quando eu não estou preparado para a ideia que acabei de ter? Resposta: ter paciência!

Uma vez exercida, a paciência torna-se uma ponte e precisa estar firme nas extremidades. Os dois lados que são separados por um rio, você será a ponte para unir pessoas, ideias e necessidades.

Vamos construir uma ponte?

Está disposto a cavar o solo e no fundo de um rio estabelecer estacas que ficarão por toda a vida? Se você está na primeira fase, prepare-se para sofrer as demoras do bem, porém, uma vez concebida, prepare-se para ser feliz e realizado verdadeiramente até o fim de seus dias.

Tudo na vida tem uma passagem, como em uma corrida de revezamento: por hora estamos correndo um percurso em que a velocidade é extremamente importante, em outros pontos a passagem do bastão é muito mais importante do que a própria velocidade. A precisão da passagem do bastão é necessária. É nessa hora que o nível de concentração tem que ser maior ainda, pois corre-se o risco de ser desclassificado por deixar cair o bastão ou passá-lo fora do espaço permitido.

Então, preste atenção em sua velocidade!

Agora é necessário fazer uma "passagem" de zombado para respeitado. Atenção aos olhares, aos comentários que já estão orbitando ao redor. Bons murmúrios sobre a novidade que você traz já estão circulando na vizinhança, desde seu local de trabalho, de lazer, de oração à sua própria casa. Vizinhos em geral observam você há um tempo e, por incrível que pareça no começo, você tornou-se uma pessoa respeitada. Foram suas novas atitudes, opiniões e ideias que ninguém ainda concebeu que fizeram você subir esse degrau. Detalhe: você também está se respeitando!

Você adquiriu um novo tamanho diante de barreiras apresentadas pela vida, como pista de prova, obstáculos, para acordar sua musculatura espiritual. Seu espaço está mais proporcional ao seu tamanho e vice-versa. Você está ocupando muito o espaço que é seu, por isso você passou a ser respeitado!

SEGUNDA FASE

RESPEITADO

Veremos nesta fase um novo homem, um novo ser nascendo. Você fez um caminho que permitiu isso, sua sensibilidade e sua perseverança trouxeram você a esta fase. Você começa a se ver diferente, suas convicções estão moldando um novo jeito de ser. Antes o meio o influenciava, agora por essa ideia concebida e pelo fato de não ter desistido, você começa a influenciar o meio em que vive.

Você trabalha, estuda, diverte-se, reza e por isso torna-se inevitável o fato de que, quem antes zombava, agora começa a respeitá-lo.

Uma nova realidade começa a fazer parte integral de sua vida. Talvez esta sensação nunca tenha sido experimentada por você: "Eu sou respeitado". Alguns pensavam nunca atingir esse estágio da vida, pois ainda trazem na lembrança as vozes e imagens do *bullying* da infância. Incrível como, adultos, ainda somos assombrados por isso, porém o mundo gira. Quem diria que aquela dor, trauma, injustiça e fracasso se transformariam em sabedoria. Quem diria que o sabor amargo daquelas experiências negativas acumuladas seria adubo para uma nova fase e que se tornaria uma "ideia" que ninguém ainda havia pensado.

> A sua história gerou você!

A sua história gerou você!

Você pode imaginar um renascimento. Jesus disse isso a um homem chamado Nicodemos, príncipe entre os judeus religiosos, chefe dos sinédrios e doutor da lei (Jo 3,8).

Uma conversa que você pode ter com Jesus todos os dias para ouvir de sua boca. "Necessário é nascer de novo" e é possível, pois você e sua história geraram este momento, que já está separando, discernindo águas em sua vida – de zombado para respeitado. É praticamente nascer de novo: todo o seu interior começa a se mover, surgem novas expressões, um novo brilho no olhar, até mais bonito você está. A beleza guardada começa a ocupar um espaço que estava sendo dividido com a baixa autoestima.

Agora, o patinho feio tornou-se uma pessoa respeitada no próprio hábitat natural. Seu campo de batalha natural verá sua vitória, pois todos anseiam pela manifestação de um ser humano em sua essência. Você acreditou, perseverou, aprendeu a escutar o que ouviu, decidiu praticar e obedecer o que a vida fez você ouvir. É, meu amigo, agora se acostume, pois os olhares começam a se voltar para você.

O ambiente o aguarda, aguarda a defesa da sua tese/ideia. A pessoa está ávida ao novo, que agora tem uma fonte que jorra. Estou falando de você!

Frases como: "Gente, vamos mudar o assunto. Afinal, ele não gosta", "Vamos respeitar" – em tom de reconhecimento, e não de ironia – ou um simples "Bom dia", "Boa tarde", "Até amanhã", com uma entonação que mostra que você se tornou importante no contexto.

Talvez você esteja pensando ou até dizendo baixinho: "Sabe quando isso acontecerá comigo?". A partir de hoje, pois a ideia de ler este livro já desencadeou esse processo em você.

E por que eu tive a ideia de escrever este livro? Porque sou igual a você e, ao me deparar com essa nova realidade e constatar o quanto cresci ao fazer esse caminho, não pude guardá-lo só para mim. Quero ver pessoas felizes como eu. Quero ter ao meu redor pessoas felizes como eu. Melhorar o mundo e cumprir com minha parcela para apagar o incêndio dessa floresta, mesmo que seja uma gota caindo sobre a terra de uma formiga. Desde o momento em que abandonei as drogas e o pecado involuntário, venho me apaixonando mais pela vida que levei aos 18 anos. Até hoje é um avanço.

Todas as ideias que tive, não posso guardá-las apenas para o meu bem-estar. Acredito que estar bem é ver as pessoas bem!

Não admito estar em um ambiente em que as pessoas que buscam os mesmos objetivos que eu não estejam felizes, na mesma intensidade que eu. Tenho que vê-las sorrindo. Só assim durmo tranquilo e por isso este livro sai do meu coração. Ele não é fruto de pesquisas, números, estatísticas ou da ciência, é alma. Minha alma anseia por ver você vencedor!

Algo mudou em mim e não posso ser indiferente à mudança provocada pelo renascimento que tive quando experimentei o amor de Deus.

Jesus disse a Nicodemos: Sabe o vento? Bom, o vento sopra onde quer. Você ouve o ruído, não sabe de onde vem e nem pra onde vai. É assim que acontece com aquele que nasceu do Espírito (Jo 3,8).

Ele estava falando de liberdade total e de dar liberdade total àquilo que Ele próprio colocou em nós – em você, que agora sente um esgotamento interior –, a mudança chegou!

Fique atento. Algo está mudando dentro de você. "Respeito é bom e eu gosto", "Olha o respeito", "Me respeita, rapaz" são falas de quem precisa se impor, não por ser culpado, mas porque o ambiente funesto exige essa imposição. Porém, a autoridade conquistada, independentemente do cargo ou da posição no organograma, essa sim é uma vitória natural.

Houve um caminho, há um mérito, pode ser uma pessoa com a função mais humilde do contexto, porém há respeito por tempo, fatos, sofrimento e por vários outros motivos que farão dessa pessoa (no caso, você) alguém que se sente respeitado.

Que honra chegar até aqui! E estamos apenas na segunda fase.

Quantos dons colocados em cheque com competições, fases da vida que nos fazem entendê-la como uma corrida de 100 metros rasos, em que só o primeiro pode ser vencedor. Quando você não é o primeiro, há muito desgaste e frustração após uma longa preparação. No esporte, isso é compreensível, porque pode ter sido realmente a última chance na vida de um atleta.

Mas na vida normal não é assim! Se fosse, haveria um número enorme de pessoas frustradas por não serem campeãs. Aqui é diferente, a vida é encarada como uma grande maratona, cada um tem a mesma meta, que é alcançável: viver para valer a única oportunidade dada e simplesmente fazer a diferença. O respeito vem a partir dessa ótica, pois seus filhos, netos e amigos contarão seus feitos.

Alguns anos atrás, saindo de Israel depois de ter ouvido muito os guias locais falarem sobre Ben-Gurion, um general israelense muito importante na formação daquele Estado, deparei-me com sua estátua no aeroporto e a admirei por algum tempo, imaginando os feitos daquele homem. O avião seguiu para a França. Ao aterrissar no aeroporto de Charles de Gaulle, topei com a estátua de um grande oficial francês. Ao pegar o ônibus para o centro de Paris, encontrei o busto de Santos Dumont e, logo em seguida, a estátua de Joana

D'Arc. Uma voz interior me disse: "Dunga, essas pessoas já vieram e já se foram, agora é sua vez de viver". Não complique, viva intensamente seu tempo e deixe um legado.

Essa voz interior eu chamo de "Deus". Ele me colocou, me localizou no tempo e no espaço, me impulsionou a uma retomada de vida que, a partir das ideias que viriam, me fariam um novo homem. Em minha única oportunidade de viver, preciso dar o melhor de mim àqueles que, também em meu tempo de viver, são as testemunhas oculares da vida de alguém que nasceu para dar certo.

> Não complique, viva intensamente seu tempo e deixe um legado.

Ao chegar dessa viagem, decidi não desprezar nenhuma ideia, por mais absurda que parecesse. Porque uma ideia sempre irá completar a anterior e a posterior, nem sempre ela vem inteira. É necessário fazer uma leitura das últimas inspirações e aspirações, e ver que o caminho tem sido traçado, mas nem sempre temos observado com a atenção devida.

Vamos voltar à palavra "respeito".

Essa sensação e observação traz de volta a autoestima. Perceba o quanto sua visão sobre você começa a mudar. Existem coisas que só aflorarão quando pessoalmente voltarmos a considerá-las. É bom olhar-se no espelho e dizer: "Vamos à luta!", "É possível!".

Volte a reconhecer aptidões, habilidades e resgate-as com força. Você está bem perto da próxima qualidade, lembre-se: a cada fase, uma nova qualidade, e você está pronto para conhecer uma virtude que sempre foi uma cobrança, mas que agora será natural.

Eleja suas inspirações, aquelas que você considera um marco em sua vida. Dê notas a elas, das mais simples às mais complexas, e reconheça que você é um instrumento eficaz nas mãos do Criador. Veja que postura nova você adotou após cada uma delas. A visão de si, a beleza detectada e o novo sabor que até então você desconhecia.

Minhas maiores inspirações **Notas**

Quero deixar um pequeno exemplo de minha vida, uma música que gerou o movimento PHN. "Por hoje não vou mais pecar", a música que nasceu em meio à dor e, como esterco, adubou o canteiro do meu coração.

Restauração

Deus vê o coração,
Sonda com a compaixão
E sabe o tamanho da sua dor.

Ele não pode pôr
Limites no seu amor
Pois sabe até onde vai
Todo pecador.

Lágrimas são suor
De almas que lutam só
Só Deus pode entender
O que lhe causa a dor.

Pense no seu Senhor
Recorra ao Seu amor
E creia, Ele é fiel
Justo é o Seu amor.

Pare de se maltratar
E não queira aos outros culpar.

Diga "por hoje não,
Por hoje eu não vou mais pecar"
Estenda a sua mão e abra o seu coração
Volta pro seu Senhor e se abra à restauração.

Com Cristo, você vai superar
Todas as barreiras passar
Todo o pecado vencer
Um novo homem vai nascer.

Minhas maiores inspirações	Nota
Música "Restauração"	Nota 10

Já imaginou o que ainda está por vir?

Segunda qualidade: dar exemplo

Como seria a vida de alguém ávido a dar exemplo? Como seria a rotina de alguém que, ao se sentir respeitado, passasse a se sentir confortável para dar um bom exemplo em tudo o que seja pertinente à profissão, estado civil, lazer, opção religiosa, posição social e responsabilidades em geral?

Eu disse sentir-se confortável para dar um exemplo!

É uma metanoia, mudança completa de pensamentos e atitudes, saber que quem o vê o respeita por sua ideia e postura. Vimos isso muitas vezes, pessoas que simplesmente mudaram o proceder, causando espanto, pois os primeiros a observar foram justamente os que mais o conheciam.

É uma revelação! O que se via em negativo agora se vê revelado, e a satisfação de encontrar em si o gozo de fazer a coisa certa, do jeito certo, uma alegria e a realização interior que farão fecundar coisas que nem imaginamos ter ou ser.

Capacidades adormecidas, habilidades esquecidas, possibilidades que começam a ser percebidas. O que faltava era simplesmente o "querer".

Chegue o mais próximo possível do seu coração, sim, saia do lugar onde você se encontra agora e chegue mais perto do seu coração, não é questão de espaço, mas de tempo! Dê tempo ao seu coração, tempo para ouvi-lo e atendê-lo e deixar que o seu querer trabalhe um pouco para ele.

Esta frase que me acompanha há trinta anos: "O querer é meu, mas o poder é de Deus!".

Deus não despreza o seu querer e, se você o submete ao poder Dele e também ao querer Dele – seja qual for o período, o tempo, o espaço, a fase da sua vida –, também reconhece que, na verdade, todos os seus dons foram um processo de capacitação desenvolvido para que, nos devidos tempos, eles se manifestassem um a um.

De que habilidade hoje o mundo ao seu redor precisa? Que olhar de expectativa é lançado sobre você? Sempre estaremos na condição de colaborar efetivamente com o contexto de nossas vidas, e isso desencadeará um sentimento nobre.

Se você for novo, dirão: "Nossa, que lindo esse jovem tão comprometido com seu tempo". Se você for mais experiente, dirão: "Nossa, que linda essa sabedoria estendida a nós".

Você é um poço, um celeiro, uma prateleira de um almoxarifado, uma reserva natural, e sua real felicidade e realização estão sendo utilizado por alguém ainda não se descobriu como você já se encontrou, pois felicidade não é um lugar aonde se chega, mas a forma como se vai.

Dei moral para você? Sim, claro!

Na verdade, constato a realidade. Você já está à frente de pessoas que simplesmente o respeitam.

O sentimento de respeito expôs você como uma projeção na parede, que estava em um *pen drive*. É a projeção do melhor que você pode oferecer. Você está se projetando naturalmente, as portas estão se abrindo, são seus atos que estão girando a maçaneta. Não se assuste com o tipo de oportunidade que está se apresentando a você. Saiba, o respeito e o exemplo são responsáveis por isso.

A sociedade está carente de bons exemplos. É incrível ver como os olhos das pessoas brilham quando encontram um bom exemplo. Um ato simples que poderia ser padrão, comum, normal, mas que na verdade é raro e se tornou um presente inesperado.

Em um dia, as pessoas precisam tomar decisões, fazer escolhas, ter certezas e de repente, com seu exemplo, isso tudo flui no ambiente em que você convive. Você tirou pessoas da inércia, da letargia, e com isso mais portas se abriram. Um horizonte começa a se descortinar.

Vamos relembrar nosso tempo de infância, isso nos faz bem. Você se lembra de quando seus olhos superatentos observavam seu pai ou sua mãe em alguma atividade e logo depois você os imitava? Claro que você fez isso com seus pais ou com alguém que, em sua infância, tinha um peso diferente em sua vida, e depois de alguma forma você repetia a cena.

Foi assim quando você calçou os sapatos de seu pai, experimentou as roupas, pegou as ferramentas pesadas – serrote, machado – para ver se, com a sua força, já conseguia usá-las. No caso das mulheres, quando usou a maquiagem da mãe para ficar tão linda quanto ela. Mais tarde, ao ver seus pais recebendo as pessoas em sua casa e tentar ouvir os assuntos dos adultos, você percebeu na conversa deles valores a serem aplicados por toda a sua vida.

Quem teve essa experiência com certeza hoje pode dizer: "Tenho de onde tirar coisas novas para problemas novos, que devo administrar". Os bons exemplos, que observamos ao longo de nossas vidas, ajudaram-nos a ser o que somos hoje.

Imagine agora, com a sensação de ser respeitado e com o desejo de ser e de dar exemplo, o que pode acontecer em sua vida. Uma possível revolução interior e exterior, transformando totalmente a visão que todos tinham sobre você e também a satisfação de "ser", em seu meio, alguém que você sempre buscou em outras pessoas e não encontrou.

Perceba que desde o começo eu uso a palavra "natural", pois, para isso dar certo, precisa ser assim, e a sequência das cinco fases torna esse processo livre, leve e constante em sua vida.

Quantos bons exemplos podem surgir no esporte, na política, na arte, na saúde, na família, no meio empresarial? Como eles afetariam esses meios? A que tipo de pessoas e de profissionais prestaríamos um serviço ou entretenimento? Que tipo de sociedade e de geração teríamos com homens e mulheres realmente vencedores e empenhados em ser exemplo?

Permita-me falar sobre uma geração nova que surgiu há vinte anos por causa de uma ideia inspirada e sonhada: Geração PHN.

Em 1998 surgiu essa inspiração: não errar o alvo por um dia, usar a espiritualidade em prol da luta contra o pecado! Hoje a geração que viu nascer essa ideia cresceu, são adultos. São pais, profissionais, políticos, médicos, professores etc. E, com base em suas especialidades e experiências, fazem a diferença onde estão, e são, sem dúvida, o começo de uma nova sociedade.

Imagine levantar-se todos os dias da cama com a disposição de fazer a coisa certa, começar do jeito certo. O dia de ontem não existe mais, o de amanhã não existe ainda. Só temos um dia: ele se chama hoje e por hoje não vou mais pecar – errar o alvo.

Como surgiu de fato essa inspiração? Durante seis anos apresentei o programa de TV, *Resgate já: salvação agora*. Por oito horas, uma vez por semana e por seis anos visitei presídios de segurança máxima, cadeias públicas, casas de recuperação, hospícios, lares para menores, as atuais Fundação Casa, o Carandiru, dentre outros lugares.

Vi jovens pagando alto preço por um erro cometido, homens pagando por um erro da juventude. Foi então que Deus me disse: "Ensine essa juventude a dizer 'não' ao pecado, para que ela não pague com o próprio corpo aquilo que já está pago no meu".

Hoje, anualmente, reunimos 200 mil pessoas – a maioria jovens – para nos reabastecer dessa inspiração. Todos os anos vemos essa geração aumentar ocupando espaço na sociedade e fazendo a diferença.

É assim que mudaremos realidades e problemas crônicos. É assim que espalharemos a esperança, contagiando cada um com o bem que cada um possui dentro de si. Não pare de ter ideias e não desista de colocá-las em prática, elas mudam o mundo.

É um desafio que mexe comigo e com certeza está mexendo com você. Porque a ideia, o sonho ou a inspiração que habita seu pensamento incomoda, desajusta e faz você querer um novo tempo em sua vida. Veja, é você querendo dar exemplo, não é ninguém cobrando você. É uma erupção de bons valores jorrando do seu histórico.

Quando as pessoas nas rodinhas ou nas reuniões citarem seu nome como um bom exemplo; quando notícias sobre você começarem a se espalhar pela vizinhança, no meio corporativo; quando seu nome tiver influência municipal, estadual, nacional, internacional; quando alguém sair da lama, da falência, da tristeza após ouvir falar do seu exemplo, você estará pronto para a terceira fase do homem vencedor.

Quando o simples fato de as pessoas quererem ficar ao seu lado, pelo prazer de observar você e tirar disso os ensinamentos; quando os olhos estiverem voltados para você, saiba: os ouvidos também estarão, e todos desejarão saber o que você tem a dizer.

Tudo começa a ficar claro em nosso interior. Pensamentos, frases e novos conceitos começam a jorrar, e vamos nos surpreendendo com o novo que começa a surgir em nós. Somos os primeiros a detectar em nós mesmos a revolução interior. Passamos a nos admirar, nos amar e concatenar todas as lembranças do nosso passado. Coisas que nos feriram e que nos marcaram negativamente, lembranças que não gostaríamos de ter, agora todas fazem sentido. Verdadeiramente, sou fruto da minha história. Nada foi em vão. Tudo foi uma grande construção.

Quero relembrar com você dois personagens da história da arte mundial: Leonardo da Vinci e Michelangelo. Imaginemos esses dois gênios, responsáveis por obras que, mesmo com o passar do tempo, chegam a nós e nos fazem viajar na história. A cada dia, eles retomavam a visão do "todo" para fazer a pequena parte do trabalho daquele dia.

Na escultura de Davi, Moisés ou Pietá, podemos imaginar Michelangelo retomando o trabalho com sua ferramenta, dando ao mármore a perfeição anatômica e o acabamento, tudo isso a partir de um bloco único de pedra extraído da natureza. Ou pendurado nos andaimes da Capela Sistina a cada dia, sem perder a linha de raciocínio e a inspiração inicial, revendo o projeto no papel e principalmente na alma.

> Da Vinci e Michelangelo tinham a capacidade de não perder a visão do todo, mesmo que a cada dia pudessem apenas fazer o mínimo em cada obra.

Da Vinci dando a expressão do sorriso de Mona Lisa ou finalizando a Última Ceia, em meio a problemas pessoais, seguindo um projeto após o outro.

Ambos tinham a capacidade de não perder a visão do todo, mesmo que a cada dia pudessem apenas fazer o mínimo em cada obra.

A capacidade de fazer um pouquinho sabendo que o todo está sendo formado é concebida com a ideia, o todo já está dentro de você. Mesmo que os outros não vejam, você vê. Talvez soframos por isso; afinal, para convencer alguém do todo quando a visão dele é parcial e difícil, é preciso ter paciência e firmeza.

Mas esse exercício só nos faz bem. A visão é mais clara a cada vez que defendemos nossa tese – nossa ideia.

Se tivermos a visão do todo, teremos também a certeza do tempo que levaremos para nossa edificação pessoal. Para construir algo, são necessárias habilidades como precisão, conhecimento e paciência. Uma martelada um pouco mais forte trincaria a Pietá ou uma pincelada errada colocaria outro sorriso em Mona Lisa – e Da Vinci e Michelangelo sabiam disso.

Eu e você temos que saber disso também. Na Bíblia encontramos a seguinte passagem: "Não quebrará o caniço rachado, nem apagará a mecha que ainda fumega, até que faça triunfar o julgamento" (Mt 12,20).

Precisão e visão do todo são capacidades dadas por Deus a cada um. Ele é eterno e não tem a mesma pressa que nós, e podemos aprender muito com esse relacionamento.

Que parceria!

A ideia inspirada é a grande chance de sermos coparticipantes do processo "Assim caminha a humanidade".

No meu tempo, na minha vez de viver, na única vez que tenho para viver, quero deixar a minha marca, a minha ideia. Meu compromisso comigo é dar o meu melhor para que alguém possa ser melhor. Ampliarei minha tenda, fortalecerei minhas estacas, esticarei minhas cordas, pois quero mais pessoas dentro da minha tenda, entendendo melhor o que tenho, o que sou, o que faço e o que Deus planejou para mim. Por isso, tenho de ser firme.

Da Vinci e Michelangelo foram gênios, porém todos temos a capacidade de não perder por inteiro as coisas que estão dentro de nós. Falta apenas um olhar mais aguçado para nosso íntimo, nossa crença, nosso sonho. Não importa quanto tempo levaremos para concluir ou se seremos nós a concluir cada projeto. O importante, porém, é não perdermos a visão inicial, que vai se completando aos poucos com empenho e perseverança.

Da Vinci e Michelangelo são exemplos de que a cada dia podemos retomar a ideia e, do ponto em que paramos, prosseguir decididamente até concluirmos o propósito inicial.

Bom, eu quis apenas mexer um pouco nesse baú de ideias fenomenais que estão em você. Então, podemos retomar nossa linha de raciocínio.

Você passou a ser, após ter sido zombado e respeitado, uma pessoa que descobriu uma ferramenta fantástica para persistir nessa fase de sua vida. Prepare-se, as estacas estão se aprofundando e você está cada vez mais firme.

> É preciso ser firme para suportar o que se constrói por cima de nós.

Segunda ferramenta
Firmeza

É preciso ser firme para suportar o que se constrói por cima de nós.

"Tudo posso Naquele que me fortalece" (Fl 4,13).

Paulo preso em Éfeso escreve uma carta endereçada aos cristãos de Filipo, conhecida como a carta da alegria. E como pode alguém preso ter uma linguagem tão otimista a ponto de escrever: "Alegrai-vos sempre no Senhor. Repito, alegrai-vos! Seja a vossa amabilidade conhecida de todos!" (Fl 4,4-5)?

Que fortaleza é essa? Só sei que eu quero!

Somos o alicerce da ideia, e algo será construído sobre nós. Não se incomode com a condição, existe alegria em não aparecer por causa da condição de fundamento, base e alicerce. Fomos capacitados por causa da visita da inspiração com uma força sobrenatural, que, uma vez acoplada em nós, faz total diferença a partir desse novo movimento em nossa vida. Sabe aquela paciência que você não tinha, a visão de contexto, a resiliência, coisas que você admirava em outras pessoas a ponto de dizer "Como ele aguenta isso?"? Então, agora isso tudo faz parte de sua personalidade e de seu caráter.

Mas como? Eu não nasci assim? Nem tudo vem no pacote, algumas qualidades são adquiridas ou algumas ferramentas são forjadas!

Você, como Paulo, preso em seus traumas ou prisioneiro de suas lembranças, pode conceber a alegria de formar outros que sofrem como você. É Deus agindo na área onde o espinho se alojou na carne. Onde você é fraco Deus o torna forte!

Tudo passa a ser possível Naquele que me fortalece.

Se os alicerces pudessem falar, o que diriam sobre essa condição? Talvez: "Ninguém me vê!", "É fundo, escuro e frio aqui!", "Se não fosse por mim, você não seria nada!".

Toda esperança é construída sobre o alicerce de uma vida. A firmeza garante os sonhos a serem edificados em cada fase do homem vencedor, mais especificamente na fase em que o respeito começa a se instalar e a ser sentido pelo próprio portador da ideia.

Uma vez que me torno firme nos conceitos e valores morais que só beneficiam as pessoas ao redor, esse passou a ser o novo estilo de vida assumido, devido à encantadora proposta feita a mim pela vida. O que concebi, tive que sustentar e com muita paciência adquirir a firmeza das estacas e do alicerce. Coisas que me eram cobradas outrora, porém que agora desejo no mais profundo da alma. Passei a sonhar a meu

> Ser respeitado por um dom é um presente que passo a compartilhar.

favor, sabendo que se trata de um sonho novo que atendeu as instabilidades de pessoas e instituições que me ajudaram a chegar aonde estou. Ser respeitado por um dom é um presente que passo a compartilhar.

"De graça recebestes, de graças deveis dar!" (Mt 10,8).

Só existe verdadeira realização se aquilo que adquirimos de graça ou pela graça, se também pela graça oferecermos e se possível de graça àqueles que amamos? Então, entenderemos nosso papel na sociedade! Seremos considerados a referência e admirados por um grupo de pessoas, um povo, que, ao ouvir o que temos para dizer, poderá também receber de graça uma porção do todo, e assim equilibrar a balança. Dons foram dados por Deus para serem partilhados e fazerem de nós pessoas enobrecidas e com a certeza de sermos realmente à imagem e à semelhança Dele.

Imagine um professor de história, que depois de anos aposentado vê um de seus alunos exercendo a mesma profissão que ele, ensinando com a mesma paixão, e enxerga o que conseguiu transmitir para o íntimo do aluno. Isso não tem preço!

Tenho esse exemplo dentro da minha casa. Quando meu filho decidiu fazer faculdade de história, talvez ele não imaginasse o quanto ser professor o faria apaixonado pela matéria. Quando o vejo preparando suas aulas e provas, dando aula e corrigindo provas, chego a ficar emocionado e louvo a Deus pela vida dos professores que passaram por sua vida. É apaixonante ver alguém apaixonado pelo que faz e partilhando seu aprendizado.

As estacas precisam ser de tempos em tempos aprofundadas, com uma marretada a mais devido aos ventos às chuvas. Os alicerces protegidos das erosões são firmes, e esse exercício precisa ser constante, pois tudo que é construído ou ampliado dependerá da firmeza concebida.

A sensação de ser respeitado gera naturalmente em nós uma nova postura física e moral.

A física, por sua aparência, a educação, o jeito de falar com as pessoas. Em tudo você se vigia e gosta daquilo que está se tornando. No espelho dos olhos de alguém, você se vê diferente. Há uma troca de respeito, um redescobrir.

A moral, pois está recuperando a sensibilidade do certo e do errado, ficando claro diante das situações o porquê de suas regras, garantindo os direitos do próximo.

A firmeza é uma ferramenta para a reconstrução de seu caráter. Ele pode ter sido desconstruído e descaracterizado ao longo da vida. Uma alegria, um verdadeiro gozo interior, assalta você de hora em hora. Uma visita do Criador à criatura, potencializando o que ela nasceu para ser. É bom demais estar ao lado de uma estaca ou sobre um alicerce, ou seja, estar ao lado de alguém firme e de respeito. Use a ferramenta firmeza. Ela foi feita para o tamanho de sua mão e é proporcional à sua força inicial, que está em crescimento.

> Use a ferramenta firmeza. Ela foi feita para o tamanho de sua mão e é proporcional à sua força inicial, que está em crescimento.

Usar e ser usado, usar de forma ousada, estar preparado para o impacto. É assim que suportamos os trancos da vida, firmando os pés para o novo impulso, prescindido do passado – como diz Paulo na Carta aos Filipenses 3,13: "Lanço-me para o que está à frente" – e dizendo para mim mesmo que não importa o ponto a que cheguei, e sim prosseguir decididamente. Isto é firmeza: encarar o novo sabendo que meu passado me credenciou para essa luta, não desprezando nenhuma fase de minha vida, pois todas elas me talharam e me forjaram para esse momento. A firmeza que conquistei é fruto de lágrimas, suor, medo, solidão, alegrias e uma multidão de sentimentos que agora, e só agora, fazem sentido.

Essa ferramenta é proporcional ao meu tamanho e à minha força. Outras ferramentas virão, ferramentas que não sei usar, mas que, quando chegar às fases seguintes, saberei reconhecer e manusear. Por enquanto é necessário ser firme, ter firmeza, contrair a musculatura espiritual. Prepará-la para o sacrifício, afinal o bem maior começa a ficar claro, e uma nova maneira de viver em nome do bem maior se aproxima. Pequenos sacrifícios e disciplinas fazem os primeiros efeitos na carne e na minha alma. Recordo-me dos doze anos que passei como ajustador mecânico e de minha gaveta e caixa de ferramentas, algumas das ferramentas eu confeccionei, outras herdei de pessoas mais experientes. Algumas me foram disponibilizadas pelo almoxarifado, mas para cada preparação eu verificava qual ferramenta eu deveria usar, uma vez que meu trabalho, para que eu obtivesse êxito, estava condicionado à ferramenta correta. Cada mecânico era respeitado pela diversidade e pela precisão no uso de ferramentas que ao longo da carreira tinha desenvolvido, herdado ou ganhado de presente. Você acabou de ser contemplado por uma ferramenta sensacional, a firmeza.

TERCEIRA FASE

CONSIDERADO

Você está sendo observado pelos bons e pelos maus, pelos amigos e adversários desde o momento em que concebeu sua ideia – também gosto de chamá-la de inspiração. Acompanham você desde o começo, os olhos que viram você chegar ou crescer foram ferramentas que a vida usou para talhar você. Não fique irritado com aqueles que zombaram de você, que fizeram objeções e o questionaram com ironia. Na verdade, eles foram usados pelo Criador de Todas as Coisas, que não cessa de criar por intermédio de pessoas, e essa têmpera só viria com essa oposição, do contrário, nada ficaria tão claro como está.

Em Hebreus 1,4 é apresentado o limite que devemos chegar a sentir que o respeito e a firmeza nos conduziram. Limite esse que nos leva a ser valorizados por pessoas que participam do nosso dia a dia e que nos viram sangrar, pois o limite é dar a vida por aquilo em que se acredita. Eu disse "limite", uma "nuvem de testemunhas", como diz a passagem bíblica, que nos assistem como se estivessem em uma arquibancada, esperando a próxima jogada. Uns torcem a favor, outros contra e todos podem chegar à conclusão, é admirável como conhecemos o nosso limite e o ampliamos cada vez que nele esbarramos.

Cada vez que você se vê sangrar, é porque você empurrou a cerca de arames farpados que delimita seu espaço e por isso seu limite diminui, seu raio de alcance alimenta as cicatrizes dos ferimentos que contam sua história. Essa oposição só faz você crescer.

Uma leitura mais aprofundada do texto nos leva a ser gratos por tal oposição, pois foi assim que obtivemos a certeza e aprendemos a escutar e discernir. Cada vez que defendemos nossa ideia, nós a assumimos como algo especial e até sobrenatural. "Sobre o natural": você experimentou a sensação de ser respeitado e se sentiu confortável em dar exemplo. Nada mais pedagógico em nossas vidas do que uma boa perseguição ou oposição, pois isso nos dá têmpera.

Vamos falar de têmpera!

Por doze anos fui um bom ferramenteiro de bancada e mecânico de manutenção em uma fábrica de papel. Por manter uma atividade intensa dentro de uma indústria que produzia por meio de muita química – cloro, hipoclorito e soda –, o processo de corrosão era constante e por isso tínhamos que produzir, confeccionar peças e ferramentas não disponíveis no mercado. Por exemplo, precisávamos de um martelo de formato especial para uma atividade especial, ferramenta inexistente nos catálogos de fornecedores. Íamos ao pátio de materiais, escolhíamos um pedaço de aço-carbono que pudesse ser usinado, ou seja, a composição daquele aço deveria permitir que ele fosse levado à plaina, ao torno, à fresa, à furadeira, e que tomasse a forma que queríamos.

Após todos os procedimentos de usinagem, teríamos que fazer o procedimento de têmpera e mudar as características moleculares do aço para que ele fosse usado como ferramenta adequada. A peça ia ao fogo a 900º C e depois à água, à temperatura ambiente. Esse processo se repetia também levando do fogo ao óleo – procedimento chamado de revenimento –, dando ao martelo uma dureza que lhe permitia ser, de fato e não somente de aparência, uma ferramenta. Assim também é a vida com suas intempéries: ela nos forma em fogo, água e óleo, dando-nos a resistência e a resiliência de que precisamos para levarmos ideias até o fim.

Você chegou a um ponto onde grande parte desse processo já se deu e você talvez não tenha percebido – ou tenha percebido e tenha interpretado incorretamente –, chamando de perseguição aquilo que é têmpera. Talvez você não saiba, mas é mais forte do que imagina. Você só tem que se permitir ser usado para testar essa nova massa molecular espiritual adquirida por meio das oposições que a vida pedagogicamente criou para você. E, justamente por isso, por essa dinâmica natural e por você não ter desistido, as pessoas agora esperam suas opiniões sobre os fatos pertinentes ao momento e ao lugar em que você vive.

Sua opinião é considerada

Vamos imaginar uma reunião informal no ambiente onde você trabalha, estuda, ou congrega. A discussão está acalorada. Não há concordância. Os extremos estão se opondo, e você chega repentinamente e ouve: "Qual é a sua opinião?"

Isso passará a ser frequente, pois alguém estará iniciando o processo – a primeira fase – e você já está na terceira fase. E, como tal, sua opinião vai acelerar ou elucidar o processo de alguém. Sua opinião é esperada. A reunião só começa quando você chega. A diversão ou discussão só fica quente com sua presença. Não pense que estou simplesmente querendo animar você, não. Estou apenas constatando o que eu e você já estamos sentindo em relação a algumas pessoas que consideramos, ou melhor, amamos. E isso também passa a ser o processo pelo qual as pessoas passam a nos ver e nos considerar.

Essas pessoas colaboram diretamente para a nossa formação. Então, por que não nos alegrar com o processo que agora começa a ser percebido em nós? Você, seu jeito e sua experiência estão sendo colocados na balança das decisões dos outros. Eles irão ligar para você, procurá-lo, enviar mensagens, agendar reuniões e principalmente observar e pensar: *O que ele faria agora.*

Nesta fase, uma dose a mais de responsabilidade já se encontra em você. Sim, você se sente responsável pelo bom andamento das coisas ao seu redor e do contexto de sua vida. Antes você se preocupava com a palavra, depois com a palavra no texto, e agora, com o texto no contexto, claro que você entendeu. Pense que todas as funções são necessárias, desde a mais simples até a mais importante em um organograma. Vamos imaginar o faxineiro e o presidente da empresa. Pense que ambos estão vivendo essa fase, a opinião de ambos é aguardada no ambiente, os dois são exemplo de cidadania e estão ocupados transformando o ambiente corporativo em um lugar coerente e funcional – do chão de fábrica ao mais alto cargo hierárquico. Imagine as pessoas dos mais variados cargos nessa dinâmica e se conectando ao perceberem o exemplo dado por alguém que agora se tornou uma pessoa considerada.

É possível calcular a transformação de uma empresa, comunidade, família, agremiação, de um time? E perceba, estamos apenas na terceira fase do homem vencedor.

Quantas vezes uma boa opinião que estava sendo esperada mudou o rumo das coisas? Mas isso só pode vir a ser aceito se partir de uma pessoa que se tornou "considerada", pois até os adversários a consideram, seus inimigos se calam e os que a invejam temem.

Neste ponto você se encontra com mais uma qualidade que estava adormecida ou que simplesmente nasceu em você. É inevitável adquiri-la, pois o caminho percorrido o trouxe até aqui.

Você que descobriu que sua opinião vale, você é considerado, quando você se expressa, os olhos ao seu redor se esbugalham e os ouvidos se abrem.

Você descobre que o melhor jeito de fazer alguém crescer é elogiando-o.

Terceira qualidade: elogiar

Como foi bom para nós, ainda na infância, descobrir nossas aptidões, dons e vocação! Todos eles no mínimo foram provocados pelo elogio de alguém que era importante para nós – pais, tios, professores e outras pessoas que considerávamos; irmãos mais velhos, amigos que frequentavam nossa casa e que, assim como nós, estavam descobrindo o mundo ao redor. A opinião de cada um deles era muito importante para nós e, quando chegava aos nossos ouvidos em forma de elogio, ela nos impulsionava, nos tirando da inércia da timidez e da insegurança. Foram os elogios que mexeram com a nossa criatividade, estimulando em nós o desejo de descobrir o restante do iceberg de dons, pois só conseguíamos ver a pontinha daquilo que seria nossa principal atividade de hoje. Você é bom no que faz porque pessoas que você considerava o elogiaram.

> Você é bom no que faz porque pessoas que você considerava o elogiaram.

Elogios mexem com o que temos de melhor. Mas se o elogio vem de pessoas que consideramos, então nos reinventamos.

Certa vez, quando trabalhava em uma oficina, eu estava sentado em um banco na frente de uma fresadora – eu fresava, superconcentrado, os dentes de uma engrenagem –, quando um chefe chegou até mim para se despedir – ele estava indo para outra empresa e também foi se despedir dos outros mecânicos. Por alguns minutos, parei para ouvir a despedida dele, que era uma pessoa que eu considerava muito. No final, ele se direcionou a mim e disse as seguintes palavras: "Você tem potencial para conquistar o mundo. Você é bom no que faz, mas nasceu para fazer muito mais que engrenagens. Prepare-se para ser o que Deus o fez para ser!", e foi embora.

Terminei a engrenagem, fiz o processo de têmpera, montei em um redutor de velocidade e, ao conferir seu funcionamento, observei com atenção o que já sabia. A relação de engrenagem recebendo o torque do motor e movimentando outro equipamento: isso faz parte do sistema de engrenagens, que, com minha eficaz participação, recebia uma força e transmitia movimento. O elogio daquele homem me fez querer meu lugar no tempo e no espaço em que vivo.

Agora vamos retomar do ponto ao qual chegamos. Por favor, localize-se no tempo e no lugar exato de sua vida. Você pode estar lendo este livro em uma mansão ou uma prisão, triste ou feliz, bem-sucedido ou experimentando o gosto do fracasso. Não importa o ponto ao qual chegamos, e sim prosseguir decididamente.

> Não importa o ponto ao qual chegamos, e sim prosseguir decididamente.

E que tal você, de maneira sincera, começar a elogiar as pessoas ao seu redor? Do pedreiro que está fazendo uma reforma em sua casa à balconista que vende o pão todos os dias a você. Do frentista do posto que o atende ao garçom que traz a picanha, ao seu chefe, à sua professora, ao seu filho ou filha e ao cônjuge.

Quero dar o meu exemplo de como as pessoas que me rodeiam são extremamente importantes para o êxito do meu trabalho. Sou cantor, tenho 14 CDs e 3 DVDs gravados, uma média de 160 músicas compostas e gravadas, uma carreira consolidada e muitas músicas que marcaram a vida de muitas pessoas. Há vinte e sete anos elas me escutam, têm uma forte experiência de vida e têm uma trilha sonora relacionada à minha pessoa. É uma honra para mim. Porém, veja como isso se dá. Não sou instrumentista: escrevo a letra, concebo uma melodia simples e depois apresento-a para um amigo, que coloca notas em tudo que cantei. Depois a apresento a meu arranjador. Ele a constrói com todos os instrumentos. Pausas, convenções, solos e introduções, depois vários músicos a escutam no estúdio, os técnicos gravam a música, outro faz a mixagem, outro a masteriza, alguém pensa na capa do álbum, e quando alguém pega o CD com minha foto me diz: "Que lindo este novo álbum que você fez!".

Chego a me envergonhar com esse tipo de elogio. Sei que não fui eu quem fez, e sim um grupo de pessoas que trabalha duro para me ajudar a ser o que sou. Portanto, é uma questão de honestidade elogiá-las do fundo do meu coração e reconhecer o quanto elas são primordiais em minha carreira.

Que tal enaltecer as pessoas que estão ligadas ao êxito de suas atividades ou de sua profissão? Você já parou para pensar em quantas pessoas trabalham para que você seja você?

Se a resposta for "não", precisamos conversar! Afinal, se está bom, pode melhorar e, se está ruim, pode ressuscitar. Há pessoas ligadas à nossa intimidade, profissão, vocação, lazer e espiritualidade, ou seja, uma nuvem de espectadores que nos rodeiam. Que tal detectá-los e reconhecer o bem que eles fazem?

Seus filhos, por exemplo, não é óbvio o que vou dizer, mas elogiar seu filho tem que fazer parte do seu dia a dia, seja pessoalmente, seja por mensagem. Vale elogiá-los para outras pessoas também, pois isso mostra que você enxerga neles o seu melhor. Os limites já estão claros e latentes – uma vez que nossa cultura entende que apontar defeitos é uma solução para os problemas –, então indicar as qualidades e reconhecê-las pode mudar qualquer ambiente. Atenção: sua casa é o ambiente mais importante de todos, e seus filhos, ou cônjuge, ou pais, devem ser os primeiros a saborear da opinião tão esperada sobre eles – a qual virá da boca de quem se tornou considerado pelo exemplo, respeito, escuta e ideia. Naturalmente, você, que já percorreu o caminho todo. Você está se tornando imprescindível na vida de pessoas pelas quais é responsável. Está feliz por ver motivados aqueles ao seu lado, porque você está se tornando uma nova criatura.

Lembre-se da máxima que diz: "Existe maior alegria em dar do que em receber". Mas pergunto: Dar o quê?

Ao longo da vida, recebemos muitas coisas, e chega um ponto em que começamos a compartilhar o recebido e a experimentar o efeito da multiplicação.

Quando você vê aquilo que pensou, acreditou e lutou para colocar à disposição do bem comum, esse bem começa a se multiplicar. A sensação é como a marca do relógio World Citizen. Sinto-me um cidadão do mundo, a multiplicação do bem faz você se sentir gente do bem. Você se sente parte do bem maior, que faz você rezar, comungar com o Criador. Você faz perguntas mais precisas e inteligentes a Deus e, por consequência natural, recebe respostas que pairam em uma órbita que pode ser acessada por aqueles que estão em contato com Ele.

Muitas mitologias ao longo da história da humanidade expressaram a sede do homem em falar com o Criador. Júpiter para os romanos, Zeus para os gregos, mas para nós, após a Encarnação de Jesus, Pai, o Deus

> Ao longo da vida, recebemos muitas coisas, e chega um ponto em que começamos a compartilhar o recebido e a experimentar o efeito da multiplicação.

Criador, que dá a nós a criatividade e a filiação por intermédio de Seu filho Jesus e o poder através de Seu Espírito.

Ao ver sua ideia se multiplicar, você se sente inserido na criação, na salvação e na santificação de um Deus que pensou em você e o colocou nesse tempo para fazer a diferença.

O que você é, uma vez partilhado, vai se multiplicar. Elogiar alguém de forma sincera é descobrir algo lindo em alguém que também está presente em você. Buscamos ressonância o tempo todo em nossas vidas – de maneira involuntária, fazemos isso nos relacionamentos íntimos, profissionais, ocasionais e, quando detectamos, começamos a criar os laços que farão de nós pessoas especiais na vida de alguém.

Quantos gatilhos positivos temos no desenvolvimento do nosso caráter? Ao longo da vida, ele vai se formando e se consolidando, mesmo diante das crises e escolhas equivocadas. O elogio nos traz de volta ao ponto de onde partimos ou ao ponto de onde nos desviamos. Fomos incentivados muitas vezes e agora, na condição de considerados, podemos pagar esse favor, essa boa dívida com pessoas que, não por acaso – e sim por um projeto maior –, já fizeram parte de nossa vida em determinado tempo e lugar.

Os que rodeiam você hoje talvez não estarão mais por perto daqui a um tempo, mas são importantes agora. O agora é importante, o ontem não existe mais e o amanhã não está pronto ainda. Mas o hoje, o agora, é uma realidade a ser descoberta e vivida com intensidade. Por isso, descobrir o melhor do próximo pode ser a grande diferença, entre o "você extraordinário" e o "você comum".

É uma alegria rever amigos depois de décadas. Sim, décadas! Que surpresa agradável constatar o sucesso de quem já fez parte da sua vida, de lembrar sonhos e projetos que pareciam ter ficado pelo caminho, que pareciam apenas ideias na infância ou na adolescência, na juventude ou nos primeiros anos da vida adulta. Eis que na sua frente está aquela pessoa que você conheceu nos seus dias de ingenuidade, pureza e sonhos. Ela cresceu, é uma pessoa pronta e produtiva. Como é bom recordar dos incentivos mútuos e dos elogios trocados! Frases como: "Eu disse que daria certo!", "Eu sempre soube que você conseguiria", "Ainda bem que você não desistiu!". A vida separou vocês, mas tratou de fazer os projetos se tornarem realidade.

Recordo-me de ter ficado vinte anos sem falar com um amigo. Na juventude, ele dava os primeiros passos na profissão de bancário. Não tinha como ir ao trabalho de ônibus, pois os horários dos ônibus não eram compatíveis com o do início de seu expediente. Por isso, ele tinha de ir de bicicleta e chegava suado. Isso era muito desconcertante e desconfortável, porque seu trabalho exigia o uso de gravata. Uma vez torci meu joelho no futebol e não conseguia usar minha moto. Por um bom tempo, ela ficou ali parada. Foi quando vi meu amigo subindo de bicicleta o morro sob um forte calor. Falei para ele: "Eu me orgulho de você, amigo, pela sua força de vontade, e um dia você será gerente desse banco!". Então, ofereci minha moto para ele usar por tempo indeterminado para ir ao trabalho. Meu problema no joelho se estendeu por dois anos, o tempo necessário para ele se estabilizar financeiramente e comprar um carro.

Vinte anos sem vê-lo... Eu me tornei missionário, e ele, transferido de agência em agência, como é o costume. Mas, quando finalmente nos encontramos, pudemos notar no que havíamos nos transformado. Ele, em um diretor regional. Eu, em um cantor. Na juventude, nós tínhamos uma banda cover dos Beatles, e pudemos perceber que os elogios recebidos na adolescência e na juventude nos tornaram vencedores.

Elogiar seu filho, seu cônjuge, seu amigo, seu companheiro de trabalho, pode significar uma grande revolução em sua vida. Pode ser que você se apaixone pela raça humana, da qual você faz parte. Cruzar olhares, ouvir e escutar, tocar e ser tocado, fazer uma anamnese diária de tudo e de todos que o cercam é descobrir o melhor de tudo que foi atraído por seu exemplo e respeito. Dessa forma, você causa atração do bom e do bem.

Dá para imaginar a qualidade de vida que você está atingindo?

O poder do elogio sincero e amoroso é a sua comunhão com o que está ao redor.

> O poder do elogio sincero e amoroso é a sua comunhão com o que está ao redor.

Comungar com quem está ao nosso redor não significa concordar com tudo que nos circunda, e sim entender e participar do movimento, alinhando nossas decisões ao tempo e ao contexto e, dentro disso, detectar o que é bom e, com amor e sinceridade, tecer a opinião mais atenciosa e gentil de nossa parte. Isso se chama elogiar!

Hoje em dia, a sinceridade está sendo usada principalmente para expressar coisas negativas, e isso nos dá a sensação de estar resolvendo problemas. Enfatizar acertos é muito mais importante do que descobrir falhas, pois trata-se de uma atitude realmente benéfica. Muitos podem dizer ou ver algo bom ou uma atitude boa e dizer: "Não fez mais do que a obrigação!".

Isso não funciona mais. Hoje precisamos reconhecer e ser reconhecidos de forma verdadeira, e o elogio, uma vez tornado prática do dia a dia, eleva o nível de qualquer tipo de relacionamento. As palavras têm poder, e um elogio pode desencadear vários fatores positivos. Seu filho pode ser melhor, seus pais, seu subordinado, seu chefe e até seus adversários podem elevar o nível do relacionamento. Detecte o melhor do próximo e invista nele com amor sincero. O mundo pode ser melhor, sim – quando digo "mundo", refiro-me ao seu, que vai se ampliar a partir do seu crescimento. Não pare de descobrir o melhor no próximo, porque o próximo a ser descoberto pode ser você!

Está para começar um novo estágio em sua vida, a competição deixou de ser uma obsessão e provar de forma diferente sua capacidade será seu estilo.

Não ter inimigos, somente adversários ou simples concorrentes farão de você ainda melhor. Uma competição sadia de quem serve mais. Ao elogiar alguém, você reconhece o quanto ele é mais importante e essencial e o quanto você é feliz por tê-lo em sua vida.

Você está livre da limitação do medo de perder e está descobrindo que aquilo que trouxe você até aqui foi sua capacidade de ser melhor a cada dia e em cada fase. Você pode realmente ser uma pessoa feliz e pronta para usar sua terceira ferramenta.

Terceira ferramenta
Alegria

Alegria é ausência de tristeza? Não, com toda certeza! Sempre nos entristeceremos por algo, principalmente quando tiver relação com alguém amado. Então como se alegrar?

Permita-me citar o apóstolo Paulo, que diz em Filipenses 4,4-5: "Alegrai-vos sempre no Senhor. Repito, alegrai-vos e que seja a vossa amabilidade conhecida de todos!".

Independentemente de sua religião – ou mesmo se você não tiver uma –, o fato é que acreditamos que há um poder superior que nos rege. Como ser alegre, ainda mais quando pedem para você ser sempre bom? A citação diz que só se for apoiado no Senhor.

Então, pergunto: O que ou quem tem sido o Senhor de sua vida? Ser alegre é somente no Senhor!

Todo o tempo compreendido na palavra "hoje". O poder de viver o hoje e ser feliz hoje, a alegria sempre terá outro sentimento como companhia, e serão esses sentimentos contrários que irão acionar o gatilho da alegria. Se não for assim, não faz sentido ser alegre. É em resposta à tristeza, preocupação, ansiedade, decepção e às outras nuances da vida que se deve ser alegre. Parece utópico, mas não é. A alegria é força, dom que vem em auxílio para atravessar o pequeno vale tenebroso que às vezes dura minutos apenas, mas que, se Ele não nos socorre, pode se arrastar por décadas.

Exemplo: após os velórios e sepultamentos em família, infalivelmente é marcado um café da tarde no mesmo dia, na casa de um dos parentes ou amigos para que sejam narrados os feitos do ente falecido – como avós, pais e irmãos – e, como a alegria nos socorreu, vivemos, sim, o luto, porém na alegria do Senhor, na certeza do céu e no compromisso de honrar o legado deixado.

Alegrai-vos quando? Como?

A resposta é sempre no Senhor. E nessa fase em que aprendemos a descobrir os valores uns dos outros, queremos narrar a vida. Depois de qualquer despedida, isso será feito olhando nos olhos e contemplando a força de superação do nosso próximo.

Condição, tempo, apoio e moral são determinantes para definir a ferramenta alegria, que deverá ser usada na terceira fase do homem vencedor. As pessoas levam em consideração tudo que você diz e, se o que disser vier com alegria verdadeira, com a superação das intempéries da vida, elas darão ainda mais crédito a você.

Você se tornou uma voz no silêncio de cada um, e todos nós silenciamos diante de algo maior e aguardamos ouvir uma voz de comando que nos tira da inércia, de forma alegre e sincera. Recuperamos nossa autoestima, nos potencializando novamente. Não há ambiente, seja familiar, seja de trabalho, que não deseje essa voz que clama em nosso deserto.

Deserto. Fiz essa experiência de caminhar pelo deserto da Judeia em Israel algumas vezes. Depois de horas deserto adentro, você não ouve mais nada a não ser seus próprios passos. Se você parar de caminhar, começa a ouvir seus órgãos internos. Muitos estão assim, talvez você também.

Mas tenha calma, pois isso é bom!

Atravessar o deserto é sinônimo de se reencontrar consigo; e, quando uma voz alegre clama no meu deserto, dizendo o que tenho de melhor, eu praticamente ressuscito.

Por 39 vezes fui a Israel. Sim, 39! E também por 39 vezes fui ao deserto da Judeia. Ouvir a si mesmo num ambiente de total solidão, como em um deserto, é uma experiência única. Você pode experimentá-la dirigindo seu carro ou nas areias de uma praia, com a mesma atenção de um mecânico de motores de alta performance que escuta cada engrenagem, pistão, correia e sabe dizer o que está errado. Escutar a si próprio não é estar simplesmente só, é estar a sós com Deus. É Deus lhe dizendo onde Ele está colocando sua mão e ajustando aquele ponto de sua vida. É um reencontro com Deus, que decidiu morar dentro de você e acompanhá-lo sempre. Pode alguém ser mais íntimo de você do que Ele? Não!

Então, para que fugir desse deserto antes de escutar sua própria voz? Escute primeiro, alegre-se muito por isso, obtenha respostas, partilhe com pessoas que você potencializa por meio de elogio. Lembre-se, elas consideram você, e uma palavra colhida no deserto é dada como boca de Deus a alguém e fará desse alguém uma pessoa muito feliz – uma pessoa feliz se torna uma pessoa da qual eu gosto de estar próximo.

Estamos em escritórios, chãos de fábrica, corredores de hospitais, celas de presídios, salas de presidência. O silêncio será rompido por alguém que decidiu ser alegre com o objetivo de levar alguém a se descobrir em sua função, sonho ou condição.

A alegria é uma ferramenta promocional, que traz grandes oportunidades. Tenha a coragem de ser alegre e de ver uma esperança e um sorriso na vida do próximo. O meu próximo só será realmente próximo se eu me aproximar dele.

> O meu próximo só será realmente próximo se eu me aproximar dele.

Quando o clima que se forma ao meu redor provocado por elogios sinceros começa a produzir relacionamentos, então o meu próximo começa a existir. Até então, ele estava ao meu lado no mesmo ambiente, departamento, na mesma igreja ou até em minha casa. Mas agora é diferente. Eu me aproximei dele. É para comemorar.

Todos agora sentirão minha aproximação: um pedinte na praça, um flanelinha na porta do restaurante, um balconista na padaria ou um frentista. Estou falando de uma revolução na vida! Ninguém me cobra. Sou eu que me sinto atraído ao outro e tenho que dar o que sobra em meu bolso, no meu prato, em minha mente e em meu coração. E se eu não der, explodo. E compartilho algo que me alegra o coração, eu vejo o melhor do outro e não importa se sou bem ou mal interpretado, se me passo por bom ou por bobo. Sei em quem estou me transformando. Sou seguro de mim mesmo e sou respeitado, admirado por mim mesmo e também por alguns que começam a me conhecer melhor.

A quarta fase bateu à minha porta e eu a abri. Pode entrar!

QUARTA FASE

ADMIRADO

Quantas vezes você viveu a experiência de subir em um mirante para observar e admirar um horizonte, uma paisagem, uma cidade histórica ou o mar? O que levou você até ali senão a vontade de romper os limites da sua visão e da sua imaginação? Ao ser admirado por alguém, você está tirando esse alguém de uma inércia ou uma letargia. Sua figura se tornou inspiração e inspiradora para muitos que o conhecem, que ouviram falar de você, que reconhecem em você um caminho percorrido, a possibilidade do acerto, de o impossível se tornar possível.

Nesta fase, percebemos que os olhares se voltam para nós. Poderia ser desconfortável caso não tivéssemos feito o caminho até aqui. Mas é uma consequência natural, pois estamos sendo seguidos por testemunhas que – por causa de uma ideia – nos viram sendo zombados, respeitados, considerados e agora admirados.

Viram-nos adquirir qualidades como a escuta, o exemplo e o elogio, que hoje influenciam diretamente na vida de quem nos cerca, que percebem o quanto estamos crescendo.

Como seria viver sem essas qualidades, sem percebê-las em nós? Ao nomeá-las, nós nos damos conta de como elas são importantes e admitimos a nós mesmos que realmente fizemos um caminho que a princípio parecia inalcançável.

Ao meditar sobre essas fases, recordo-me de pessoas que passaram pela minha história e que hoje se encontram no contexto de minha vida e do quanto colaboraram com minha formação.

Um bom exemplo são meus amigos da juventude. Alguns deles, na fase mais turbulenta da minha vida, demonstraram ser excelentes exemplos. Mesmo sem uma grande experiência de vida, tinham personalidade forte e caráter admirável. Entre uma aventura e outra, já demonstravam equilíbrio nas opções e eram grandes exemplos.

    Hoje todos esses estão acima dos 50 anos. Quarenta anos depois, observo o quanto se tornaram bons homens, simples, trabalhadores, honestos. Quando nos reunimos, ainda temos capacidade nos sentir crianças. Nós nos lembramos dos conselhos de nossos técnicos de futebol. Eles nos cobravam o horário de dormir e o exagero com refrigerantes. Lembramos dos dizeres populares na boca de nossos pais e do quanto nos defendíamos durante as confusões. A infância e a juventude formaram valores que valorizamos até hoje. Aliás, conservar os amigos da infância é um valor maravilhoso que torna a vida admirável. Amigos de infância, patrão e funcionário na vida adulta, companheiros de escola, polícia e cidadão civil, munícipe e prefeito, médico e paciente, todos se cruzam lá na frente, e vemos como cada um deles colaborou com nossa formação. Neste momento, eu poderia falar de grandes nomes, mas decidi me lembrar do vizinho do ponta esquerda, do aluno da carteira da frente, do amigo da pracinha, daquele que errou ou acertou na minha companhia. Eu os amo e devo muito a eles.

Passamos a admirar desde nossos pais a cada líder que nos orienta e nos comanda em uma área específica, pois vemos o bom caráter dessas pessoas. Elas nos encorajam a sonhar, pensar e caminhar, rumo a metas mais ousadas e nos retiram de regiões confortáveis e cômodas.

Ser admirado por um filho é garantia, por exemplo, de sucessão. Mas, se entendermos que em tudo na vida esse processo se faz necessário, ele passa de pessoa a pessoa e as leva a patamares inimagináveis. Os planos e o destino reservados a cada um de nós precisam ser buscados e, para isso, necessariamente eles precisam ser estimulados e provocados.

Vamos imaginar como uma grande competição: quem conseguir provocar mais o próximo a tirar de si o seu melhor – e a trazer esse bem para o ambiente em que todos vivemos – será um verdadeiro campeão. Pense a qualidade de vida que isso traria para nós e para todos ao nosso redor. Quando falo de homem vencedor, refiro-me a uma pessoa contente que vive em processo constante de contentamento – feliz com o que tem. Isso a projeta para ser mais, querer mais, fazer mais, porém não para si apenas, e sim para todos no contexto de sua vida. Afinal, a piada é boa quando todos riem. Não basta ser contente, feliz e realizado sozinho, pois o verdadeiro contentamento, a felicidade e a realização só se completam quando as pessoas bebem daquilo que você bebe.

Ser feliz é fazer alguém feliz.

"Existe mais alegria em dar do que em receber" (At 20,35).

Ser feliz sozinho é impossível e fazer alguém feliz é maravilhoso. Duas realidades bem naturais que, quando vividas, nos tornam realizados. A realização plena de uma pessoa está exatamente nesta estaca. Amamos e queremos ver as pessoas beberem daquilo que nos faz feliz. Partilhar o motivo da

> Ser feliz é fazer alguém feliz.

alegria e ampliar o raio de ação daquilo que nos faz feliz. Ganhar território, como em um jogo de futebol americano, ou até em uma batalha dentro de uma grande guerra. Avançar, ampliar, diminuir os limites, envolver e se envolver com os sonhos de pessoas que o próprio Deus quis que estivessem perto de nós. Por isso, afirma-se: "Existe mais alegria em dar do que em receber".

Provocar um brilho no olhar e um sorriso nos lábios de alguém é tremendo! Pode ser uma piada despretensiosa e pura, uma atitude radical de sacrifício ou simplesmente o fato de olhar na mesma direção e contemplar o mesmo que ele.

A felicidade tem a ver com as pessoas com quem construímos essa alegria. Eu vibro com os sonhos realizados dos meus amigos e familiares enquanto espero a realização dos meus. Ver alguém desembrulhando o presente que a vida me deu e ter a sensação de ter participado desse milagre é uma realização interior imensurável que me leva a ser melhor a cada dia.

Esta pode realmente ser uma frase que define uma pessoa vencedora: "Não existe graça em ser feliz sozinho". Ser admirado é repartir as riquezas acumuladas. Sabedoria, conhecimento, visão, fé e dons.

Estar cercado por pessoas que reflitam como um espelho o que somos, isso não é uma utopia, e sim uma meta que compreende etapas, e já estamos na quarta delas.

Quantas vezes você se sentiu observado e qual foi a sensação?

Vaidade? Constrangimento? Orgulho? Medo? Desconforto? Bem, se todas essas definições forem colocadas em uma sincera avaliação e no positivo, poderemos, sem medo, até desejá-las, pois, vividas dentro de um processo de crescimento, elas provam o bem-estar onde forem detectadas.

Não tenha medo de ser bom.

"Alegrai-vos sempre no Senhor. Repito, alegrai-vos! Seja a vossa amabilidade conhecida de

Não tenha medo de ser bom. todos!" (Fl 4,4-5). Precisamos explicitar nossa capacidade de ser bons e contagiar quem está ao redor. Por que o medo de ser bom? Talvez porque você tenha sido enganado e passado para trás, e isso o tenha bloqueado – e a ferida fala mais alto que a bondade. Isso pode levar você a uma profunda descaracterização de quem você verdadeiramente é, roubando sua identidade e fazendo-o buscar a caricatura de sua imagem.

As feridas do passado deixarão cicatrizes sim, e não infecções. O fato de querer ser quem você não é, por medo de reviver o desconforto vivido, faz você viver a partir das infecções: lembranças, marcas ou mágoas. Você pode ser bom, sim, e isso é o certo.

Existe ao seu redor uma nuvem de pessoas que testemunhará sua capacidade de se revelar como filho de Deus. Anseiam ardentemente por essa revelação – talvez isso mude o que você há tempos quer que mude, pois a mudança começa em nós. Coragem! Exerça seu direto de ser bom, não deixe que nada abafe isso, pois com o passar do tempo seremos conhecidos e reconhecidos justamente por essa capacidade. "O meu justo viverá pela fé" (Hb 10,38). Ser justo, ser bom é uma atitude de quem decidiu acreditar nas mudanças que o levem a ser e fazer o bem em meio ao seu contexto de vida.

Existe uma falsa humildade ou um medo de ser bom. A sociedade carece de pessoas vencedoras verdadeiramente, e o medo de ser bom incentiva a audácia dos maus – aqueles que vencem com a opressão e o autoritarismo. Mas não quero falar desses, quero me deter a valorizar o que há de melhor em nós e que nos faz ser admirados.

O que seu filho admira em você? O que sua esposa ou seu marido admira em você? Seu chefe, subordinado, companheiro de trabalho, pai, mãe? Foque nisso. Amplie isso. Potencialize isso. Invista no que tornou você diferente. E o mais importante: o que você admira em você mesmo? Essa é uma boa e necessária pergunta. Afinal, como é bom estar em paz conosco e também nos tornar admiradores de dons e atitudes que nos capacitaram na caminhada percorrida.

Escreva a seguir, sem medo, qualidades que você reconhece e mensure, segundo seu critério.

Qualidade	Nota

Você é um mirante para muitos, uma ferramenta para tirar pessoas da inércia, você movimenta seu espaço, é fator de equações. Para o bem daqueles que a princípio zombaram de você e depois o respeitaram, consideraram e agora admiram.

Veja o que você pode causar em um ambiente onde você decidiu viver. Trabalhando, congregando, se divertindo, estudando e principalmente sendo. Você está muito próximo de descobrir sua próxima qualidade, será inevitável. Fruto desse caminho, naturalmente você está sendo trabalhado pela vida e quase sem perceber chega a esse ponto, como encontramos muito bem escrito no livro da vida, "Prescindindo do meu passado, atiro-me para o que resta de minha vida" (Fl 3,13), ou seja, apoiando-me naquilo que vivi e conquistei, projeto-me ao que consigo ver como meta e objetivo. E, claro, não seguindo sozinho, pois ninguém é bom sozinho, e por isso a quarta qualidade se apresenta a você.

Quarta qualidade: relacionar
Criar laços é uma arte e também uma necessidade. Uma pessoa feliz necessariamente é uma pessoa que ao longo da vida – infância, juventude e como adulto – foi construindo essas relações, deixando histórias maravilhosas para serem contadas, tendo como base de sua vida um passado admirável. Ou seja, sua vida é um mirante.

Em todas as fases de nossas vidas, essas relações darão o tom, o ritmo e a velocidade dos projetos, inspirados por uma intuição aguçada, desenvolvida por meio do bem que concebemos. Uma soma de experiências compartilhadas, pois em todas as fases da vida, a intuição se apresentou a nós como a possibilidade de agregarmos a outras pessoas a nossa parcela de ideias, dons e a vontade de mudar ou revolucionar o que acontece ao redor. Foi assim que começaram grandes amizades, que hoje são um grande tesouro. O que dizer das amizades de infância? Com que alegria nos recordamos dos amigos dessa fase? Que marcas profundas temos? Quantas características marcam nossa personalidade, fazendo de nós pessoas de caráter admirável? Esses relacionamentos caminharam pela juventude: trazem coisas que até doem o coração quando lembradas, coisas que contamos para os filhos ou netos, esperando que sigam nossos exemplos. Conhecemos o significado da palavra "afeição", que vem de afeiçoar-se, afetividade. Palavras que tem o mesmo radical, a mesma "raiz". Capacidade de dar feição ou de ter feição: um pouco de minha face na face do outro, um pouco do melhor de mim em você. É assim entre casais, amigos, pais e filhos. E por que não em ambientes de trabalho, lazer, estudo, também?

Onde estivermos, em qualquer fase de nossas vidas, somos admirados por alguém ou um grupo de pessoas. Não escaparemos de nos relacionar com elas, e isso é emocionante, reviver como adultos, com sentimentos amadurecidos, conhecimento adquirido, sabedoria alcançada e a visão ampliada. Imagine o nível de relacionamentos que poderemos ter nas diversas fases da vida? – seja ela profissional, espiritual ou cronológica. Eu vibro com cada lugar novo onde coloco meus pés, cada grupo novo que a vida me apresenta e também com todas as chances de um novo aprendizado, de sentimentos e caminhos novos. A vida é e sempre será cada vez mais emocionante a cada década. Você é melhor do que antes e pode dar o seu melhor aos outros em cada novo ambiente. E agora, se descortina à sua frente um novo e belo horizonte, uma relação nova, que poderá curar você de relações que não foram tão boas no passado, criar novos laços que outrora ficaram frouxos, dando-lhe a sensação de ajustes emocionais e espirituais.

Você agora se relaciona de verdade, sem medo, sem feridas, sem interesses dúbios, e a verdade sobre você se faz finalmente conhecida. Você tem confiança para ser a pessoa legal, interessante, simpática que você sempre foi. Experimentou ser zombado, respeitado, considerado e também aprendeu a ouvir e a escutar, sentiu vontade de ser e de dar exemplo, aprendeu também a elogiar e, com isso, a potencializar pessoas ao seu redor. E agora você sabe se relacionar na verdade em que você está se enquadrando. Uau!

Você realmente é admirável.

> Se você puder, dê uma olhada agora no espelho e veja que tudo isso é você!

Se você puder, dê uma olhada agora no espelho e veja que tudo isso é você!

Todos nós, quando olhamos no espelho, fazemos isso para garantir que a beleza do dia está garantida, isso seguindo a imagem que nos acostumamos a ver desde pequenos e que, de maneira muito suave, passou por transformações a ponto de quase nem percebermos. Aquelas bem relacionadas, guardadas em uma caixa ou em um HD. Mas quando realmente vamos nos olhar no espelho? Conversar um pouco conosco?

Parece coisa de louco, não é? Ninguém pode ser tão verdadeiro e transparente conosco quanto nós mesmos! Uma boa conversa com o espelho pode ressaltar o melhor de nós. Por que não cobrar o melhor que podemos dar antes de essa cobrança vir de fora? Falo de uma cobrança positiva, na qual, ao sair de casa, sabendo de quase tudo que vou enfrentar naquele dia, eu diria: "E aí, meu *brother*, vamos dar o nosso melhor?".

E também diria ao Espírito Santo que em mim habita: "Bom dia, Espírito Santo. O que vamos fazer juntos, hoje?".

E para completar: "Por hoje não vou pecar, por hoje não vou errar o alvo".

Muitos estão atrás de motivações para serem melhores e mais eficientes, mais eficazes. Mas se esqueceram de que devemos ser nossos maiores motivadores, pois o interesse em um dia ser maravilhoso, por maior que seja, é meu. Eu sou meu motivador.

Tenho meus objetivos, sonhos, minhas ideias e inspirações. Conheço minhas qualidades, sei o esforço que fiz até aqui, creio que Deus está em mim e me capacita e que o dia de hoje é inédito, que o melhor está por vir. E tudo isso em apenas uma olhada no espelho pela manhã.

Você é isso para seus filhos, para seus pais, para o seu meio e para você! Você é realmente uma resposta para o seu tempo! Você é uma nova ideia do Criador. Com isso, coloco em suas mãos uma nova ferramenta.

Quarta ferramenta
Amor
Amar é uma arte. Podemos exercê-la em qualquer nível. Torna-se impossível imaginar a vida sem essa ferramenta, e não se consegue fazer nada sem esse dom, a não ser o mal.

Mas estamos falando de algo de bem, de fazer coisas boas, de pensar e de querer o bem, ao nos relacionarmos com pessoas que querem o bem, a partir da própria necessidade de amar.

Portanto, temos um ambiente perfeito para exercitarmos esse sentimento, mesmo que nesse ambiente existam adversários e até inimigos – se existe um meio de você acabar com seu inimigo, é tornando-o um amigo.

O amor, como eu disse, pode ser encarado de várias formas.

Hoje vou sofrer por amor, esperar por amor, arriscar por amor, renunciar, me entregar e tantos verbos que se tornam infinitas as possibilidades de viver por amor. Não quero nem pensar na adulteração dessa palavra usando-a para atitudes funestas. Prefiro pensar que você vê nessa possibilidade a chance de usar uma das mais sublimes ferramentas para mudar e influenciar seus relacionamentos.

A admiração que você despertou nas pessoas que observam sua caminhada, na verdade elas amam você, mas não sabem disso ainda. Admirar alguém ou algo é o princípio do amor. Então por que não amar no dia a dia – em um ambiente corporativo, em uma oficina, um escritório e tantos outros ambientes?

Por que ficar apenas na competição pura e crua, sabendo que sempre haverá alguém melhor que você?

Admita, é bom amar!

Amar não é conceder ou se render a tudo ou a todos. Antes, é ser coerente e firme em suas decisões, escolhas, para o bem geral onde todos participam e vivem. Se for o caso de se sacrificar, gerando, assim, o bem também a todos, então ame sem medidas, pois essa é a medida do amor.

Em 1 Coríntios 13,4-8, temos o trecho conhecido como a excelência do amor.

Diz que o amor é:

Paciente
Bom
Não tem inveja
Não tem orgulho
Não tem arrogância
Não é escandaloso
Não busca o próprio interesse
Não se irrita
Não tem rancor
Não se alegra com a injustiça
Fica alegre com a verdade
Tudo desculpa
Tudo crê
Tudo espera
Tudo suporta
E jamais acaba.

Essas qualidades do amor podem ser percebidas em nós quase todos os dias. Basta você se observar melhor, você é portador de tudo isso. Apenas precisa tirar a lupa das limitações e colocá-la na vontade de ser o que Deus o fez para ser!

Seu filho, seu amigo, cônjuge, seus colegas de trabalho, seu animal de estimação são testemunhas de que você já exerceu para com eles algumas dessas qualidades do amor. Pergunte a eles: "Eu já fui isso para você?", e você será surpreendido pela resposta.

Eu não tenho dúvidas de sua essência. Você é bom e tem amor de sobra para gerar o bem para todos que hoje o cercam. Amanhã será um outro meio e você estará mais treinado ainda.

Sofra comigo e celebre a vitória comigo!

Sem dúvidas, um bom exemplo de amor é o de mãe. Posso falar da minha.

Quando criança e também na juventude, eu ficava inconformado, aos domingos na hora do almoço, ao ver pela milésima vez minha mãe com toda a alegria de se servir primeiro colocando em seu prato pés, pescoço e cabeça de frango, deixando todo o restante na travessa para nós dizendo: "É nessas partes da galinha que o tempero pega melhor".

Vinte e três anos se passaram, e a cena se repetia pelo menos uma vez por semana. Eu pensava

"Como pode alguém gostar de pé, pescoço e cabeça frango? Só tem osso, unha e couro!". Mas no primeiro dia em que fui almoçar, em um domingo, após retornar de minha lua de mel, ser ter avisado minha mãe, qual foi minha surpresa quando olhei nos pratos dos meus pais: a coxa, o peito e todas as partes mais carnudas do frango em seus pratos.

Minha surpresa foi tanta – bem como o constrangimento de ambos – quando olhamos todos para o frango. Sem uma só palavra, entendi que amar é comer o pé do frango por vinte e três anos para que alguém coma a coxa.

Esse exemplo é simples para você? Para mim, não. É singelo, doce e forte. É sacrifício do dia a dia dizendo que a ferramenta do amor é a mais eficaz e transformadora, pois até hoje, na hora do almoço, deixo meus filhos se servirem dos melhores pedaços tentando me igualar ao carinho que recebi de meus pais.

Não tenha medo de amar, não deixe de usar essa ferramenta, é ela que coroa todas as outras e que fará você entender todas as coisas.

A visão de contexto e o sentimento de solidariedade fortalecem essa ferramenta. Ame seu trabalho, seu tempo, espaço. Lembre-se de que a cena muda, e tudo que você vive se acumula em forma de sabedoria e, ao sentir os sabores da vida, você terá condições de se compadecer do próximo que ainda está a caminho de sua vida.

O amor de hoje prepara você para a doação e a promoção de amanhã. Não tire o amor de sua vida, seu sucesso depende disso. Se não for assim, não será sucesso, mas apenas excesso de intenções e atitudes que não o realizarão ao longo da vida.

Tenha coragem de amar!

QUINTA FASE

REFERÊNCIA

Imagine um jogador de futebol, tendo a oportunidade de cobrar uma falta na linha da grande área, aos quarenta e oito minutos do segundo tempo. Seu time perde por 1 a 0, e o empate dá a seu time o título nacional. Esse jogador é conhecido como um exímio cobrador de falta, o melhor do país, pelos especialistas. O estádio está em silêncio, as duas torcidas vibram, uma contra e outra a favor. O jogo é em sua arena, com transmissão ao vivo para todo o mundo. A barreira foi formada pelos jogadores mais altos. O goleiro é o menos vazado do campeonato, o vento está ao contrário, o campo está molhado, o cansaço tomou conta de todo seu corpo e, quinze minutos antes, você tinha caído com câimbras. Ah! Dá para ver sua família toda, pois ela se posicionou justamente atrás das traves e, por fim, o capitão do time disse: "Nós confiamos em você!".

Ele treinou o ano todo, sonhou com esse momento, sabe de sua habilidade, conhece o peso da camisa que veste e também o peso da bola que chuta. Tudo pronto para ele colocar a bola onde precisa ser colocada – fora da barreira, fora do alcance do goleiro, na velocidade certa. Ele tem os olhos fixos em alguma referência. Pode ser na toalha que o goleiro pendurou na rede, no ombro do último jogador da barreira, em uma placa de publicidade ou em um ponto imaginário. O fato é que, sem referência, tudo está comprometido.

Em qualquer situação na vida, seremos vitoriosos e teremos vitórias se, ao longo dela, tivermos referências. Agora, imagine que a quinta fase do homem vencedor coloque você como referência na vida de dezenas de pessoas que gravitam ao seu redor.

Por que existe tanta gente perdida? No trabalho, na família, nos sentimentos, na religião? A resposta é simples. Porque existem poucas pessoas que se tornaram referência ou que não se veem como tal. Preste atenção nisto: Quem se expõe se compromete, quem se compromete amadurece no que faz.

Essa frase com quatro verbos compõe o que espera de alguém que hoje se vê como referência: Eu tive a graça de pensá-la, escrevê-la e de vivê-la antes de relatar em um livro. Eu me exponho sem medo de ser mal interpretado, pois sei que isso faz parte, ou seja, a má interpretação por um tempo daquilo que já é claro para mim.

Eu me comprometo com aquilo que falo e penso. É uma questão de coerência e integridade comigo mesmo. Zero de dicotomia, cem por cento integral, com minhas convicções, mas também a ponto de amadurecê-las dentro de mim, me fazendo mais misericordioso com aquele que ainda não me alcançou no raciocínio.

É por amor que entro no processo de amadurecimento, que revejo minhas opiniões, que as contextualizo para finalmente fazer, me expor e me comprometer.

Todos enxergam com clareza essa frase acontecer em sua vida. É latente. Por isso, volto a lhe falar do espelho. Encare a si mesmo, comprometa-se com você, seja seu melhor parceiro, facilite um pouco mais as coisas, ouça mais seu interior, o Deus que fala com você, exponha-se mais à vontade Dele, comprometa-se mais com Ele, amadureça e cresça Nele e faça o que só você Nele pode fazer. Ele pensou em você com exclusividade, a ponto de eu poder dizer: Você é insubstituível, pois substituir alguém em qualquer situação é sinônimo de fracasso, e você é mais do que vencedor.

"Mas, em tudo isso, somos mais que vencedores, graças Àquele que nos amou" (Rm 8,37).

Você, que fez o caminho do homem vencedor, veio se expondo desde que concebeu aquela ideia.

Foi zombado, respeitado, considerado, admirado e se tornou referência. Um processo sensacional de crescimento humano e profissional.

Está surpreso? Eu não!

Pois você é gente do bem, perseguiu o certo, o bom. Caiu, errou, recomeçou, desesperou-se, quis parar, mas continuou. Veja o que você se tornou, referência para alguém que observa você há anos, você é a principal testemunha do que estou afirmando. Enxergue isso também, assuma suas qualidades, seu lado bom, pois alguém precisa decidir a própria vida, alguém precisa marcar um gol, e você é a referência de que ele precisa. Pense naquele jogador prestes a cobrar a falta, ele busca a referência. Pense em seu filho, seu amigo, seu esposo, seu chefe, seu subordinado... Poderíamos estender essa lista, pois muitos elegeram você como referência, e não foi do dia para a noite não, foram anos.

Ao ler este livro, faça um caminho por sua consciência. Por onde você passou? Quantos riram de você? Como você teve que aprender a ouvir e a escutar seu discernimento? Como pessoas começaram a respeitar você e como ao longo da vida você foi exemplo para muitos?

Sua opinião passou a valer, quantos passaram a admirá-lo, pois você perseverou em muitas inspirações que se instalaram no seu pensamento e sentimento. Quantos relacionamentos profundos você construiu no passado com pessoas e lugares, que hoje você percebe que lhe fazem tão bem! Quantas situações negativas, com as quais você teve a chance de aprender mais e da forma mais difícil. E isso fez você partilhar conhecimento e se relacionar, criar laços profundos.

É fato que, depois que fazemos um caminho longo, ficamos com a impressão de que o tempo passa muito rápido, mas não é. Na verdade, é que você percebeu que deu tempo de conhecer muitas fases dessa interessante vida! Aqui neste ponto da leitura, eu lhe faço uma pergunta: O que você continua querendo ser depois que você cresceu? Se um sonho existe em seu coração, apesar de tudo que você já passou, é porque você e esse sonho são dons para a humanidade. E justamente no tempo em que você se vê como uma referência, essa é a etapa de sua vida que será a mais empolgante. Os sabores da vida se transformaram em sabedoria, os medos encorajam as quedas em recomeços, as falhas em aprimoramento. Então chegou a hora de todos saberem quem você realmente é.

Na quarta fase, onde você passou a ser admirado, os mais próximos tinham você como fonte de inspiração. Como eu disse, por intermédio de você, muitos ampliaram a visão e a imaginação, e agora na condição de referência, você causa sensação de afirmação. Como isso refletiria na vida de alguém que você ama? Seus filhos, pais e amigos que um dia se inspiraram em você, agora se encontram por meio dessa referência que você se tornou!

Fincam estacas, se reagrupam e voltam a ter um norte, pois alguém no meio deles se tornou referência. Não haverá filho na droga, subordinado desmotivado, crises existenciais, ódios crônicos que suportarão a presença de uma pessoa de referência vivendo entre eles. Por estarem perdidos, mesmo não sabendo o caminho de volta, agora têm uma referência, e a tendência é que eles reencontrem o ponto no qual saíram do caminho, mesmo perdidos nos atalhos da vida.

Já estivemos nessa condição algumas vezes em nossa caminhada, eu e você nos lembramos de como foi importantíssimo ver e ouvir alguém que nos recolocou, simplesmente com sua presença, naquele ambiente, nos tirando da cegueira temporária na qual estávamos. O caminho percorrido, desde a ideia concebida e passando por todas as fases, deu ou dará a você confiança.

Nascemos com dois dons maravilhosos: fé e esperança.

"A fé é a certeza daquilo que ainda se espera, a demonstração de realidades que não se veem" (Hb 11,1).

Quando construímos uma casa, gastamos bom tempo em seus fundamentos, alicerces, brocas profundas. Rasgamos o terreno no local onde as paredes serão erguidas. Reforçamos o máximo possível com pedras, ferro, cimento, para garantir que seja aquilo que queremos levantar de acordo com o projeto inicial.

Fé é apostar na base. Se a base é boa, é sinal de que todas as esperanças podem ser construídas. O que conhecemos uns dos outros não é a fé, e sim, as esperanças. Com os mais próximos, aqueles com quem partilhamos nosso sagrado e vibramos mutuamente com a construção de cada parede dessa grande construção. Você é um projeto de Deus, e Ele o levará até o final segundo sua docilidade.

Sei onde furei o solo e onde posicionei as brocas, conheço os sulcos que rasguei no solo, tenho em minha imaginação cada parte da casa construída, já a vejo sem ela sequer existir, e isso é fé, a capacidade de ver coisas que ainda não existem como um engenheiro experiente. Só de olhar o projeto "planta", já visualizo em meu interior tudo e todas as etapas.

Agora me diga, você tem fé ou não? Claro que sim, pois essa sensação você admite que já teve em muitos momentos de sua vida. Esse dom Deus lhe deu, talvez você só tenha deixado de praticar e é hora de retomar.

Não existe um ser humano na face da Terra que seja desprovido de fé. Temos fé independentemente da religião ou de termos uma religião. Está no DNA do ser humano. E, claro, a esperança como uma motivação interior nos conduz a lugares, superações, expectativas, desde as mais cotidianas às mais complexas. Por exemplo: eu espero que meu time suba para a primeira divisão ou espero que meu filho nasça perfeito. Ou ano que vem eu me caso, e também podemos dizer, vou fazer uma "fezinha", jogar na loteria. Ou a fé me levará a vencer esse câncer.

Veja o que conhecemos uns dos outros, são nossas esperanças reveladas no dia a dia, na convivência, no trabalho, na família, na escola e no lazer. A fé é algo bem interiorizado, quase que segredo de Estado. Mesmo os que se dizem ateus têm fé, pois o ser humano tem esperança.

Mas quando a fé e a esperança se juntam, formam uma terceira qualidade ou um dom. Nasce a confiança.

Passos mais largos, frases mais nítidas, decisões mais ousadas, riscos mais altos, a certeza de se estar na direção certa! Condição própria de alguém que, ao caminhar pelas quatro fases, chegou à condição de referência.

Você se vê diferente, mais responsável pelo que cultivou, semeou e agora colhe. Sua parcela do bem na vida de pessoas, o destino fez chegar a você um sentimento de bondade responsável, de zombado a referência!

Que caminho!

Agora você está pronto para a quinta qualidade, que se instalou e você já percebeu. Prepare-se, pois você se tornou um líder!

Quinta qualidade: liderança

Liderar sem dúvida é um dos maiores desafios do ser humano. Não é mandar, e sim, liderar! Uma família, uma empresa, um time, uma igreja, seja qual for o ambiente, liderar é um dos desafios mais complexos que podemos encarar. Só chegará a líder quem se tornou referência aos seus liderados. Do contrário, será uma imposição, e não uma liderança conquistada.

Bom, isso é fato, e todos nós concordamos, mas como se manter nessa condição, uma vez que lá chegamos?

Quero lembrar que em um grupo existem pessoas em diferentes estágios da vida pessoal, e isso precisa ser levado em conta, mesmo estando evidente a capacidade técnica de cada um. Estamos falando de relacionamentos, pois – apesar de todos sabermos nossas responsabilidades e funções, nossos deveres e direitos – somos humanos, ou seja, frágeis, falhos e feridos. Em um momento ou outro, essa humanidade entrará em cena, e um líder precisará focar em um indivíduo, e não no grupo, para entender o processo de cada um e devolvê-lo ao grupo raciocinando como o grupo.

Sendo referência para esse mesmo grupo, todos que passarem por uma crise, uma "peneira", entenderão que se trata de uma grande oportunidade de adequação de si próprio. Peneirar a própria vida, crivar, deixando na peneira o que é bom e deixando passar o que não presta, ou vice-versa.

Esse processo é constante e pertinente a todos nós, mas, se bem conduzido por um líder, trará frutos grandiosos ao ambiente – trabalho que ele terá para o resto da vida, pois se tornou referência e, por consequência, líder. Isso independentemente do cargo que ocupa.

Não estou falando de organograma, cargo ou promoção, e sim de posição perante o grupo que o viu chegar e crescer. Um faxineiro pode exercer uma liderança excepcional em um grupo, ou um filho caçula em uma família, ou um encarcerado em uma prisão de segurança máxima. Liderar é liderar. Óbvio? Nem sempre, pois para muitos liderar é cargo, posição, hierarquia, e isso nem sempre acontece. Mas vamos ficar no plano positivo.

Pense em alguém que percorreu um caminho que começou lá na concepção da ideia, passando por cinco fases e cinco qualidades. Bom, isso pode levar anos. E se entendemos bem cada uma dessas fases – como camadas arqueológicas, que uma vez escavadas nos dão a história que percorremos –, sabemos então compreender todos os que nos cercam como possuidores de sua própria camada arqueológica atual, a qual vemos como misericórdia e inteligência.

Eu entendo – entender significa entrar na tenda, ter a intenção de ser íntimo de alguém em sua própria fase –, eu me faço entender, eu quero entender você e gosto de entendê-lo. Isso só o líder pode e sabe fazer, pois uma de suas mais nobres funções é servir.

> Liderar é a arte de servir sem perder a autoridade constituída por meio da vida vivida.

Liderar é a arte de servir sem perder a autoridade constituída por meio da vida vivida.

Não se perde sangue, e sim, se sangra. Não se perde liderança, e sim, se sangra ao liderar. Todo líder irá sangrar, pois sua visão, seus sentimentos, sua força interior foram talhados e esculpidos por um grau de acabamento tão meticuloso que não pode mais ser confundido com os demais, tornou-se indelével.

O gozo interior, ao ver sua obra sendo edificada, não pode ser substituído por qualquer outra adrenalina. Ele acorda mais cedo, dorme um pouco mais tarde, anda um ou dois passos a mais, se necessário, pois ele vê o que ninguém vê. Precisa de mais tempo para digerir a etapa apresentada aos olhos como que por um assalto, ama mais, ri mais, chora mais, sua mais e é mais feliz, mesmo em meio às lágrimas, e não sabe de onde vem tanta saúde na alma.

O líder tem visão além do alcance dos liderados. É um administrador de pessoas e desafios, tem em seus olhos um mirante constante, uma visão de futuro, porém uma visão com memória. Não se esquece do que foi, do caminho que percorreu e sabe que todos têm o direito de fazer o mesmo percurso.

O líder é pai, patrão, irmão, amigo. Sabe cobrar, ouvir, elogiar. Tem um relógio chamado

Kairós na mão. Tempo cronológico, metas, etapas, fases. Tempo Kairós, momento da oportunidade e da condição. Sabe ler os fatos, contextualizá-los, cruzar os dados, dar oportunidade a todos para viverem o seu momento em função do crescimento do todo. Sabe preparar o sucessor, detectar o substituto no meio do grupo, encorajá-lo, potencializá-lo a todas as situações, sejam elas boas ou más.

Mas, principalmente, sabe esperar, esperançar, aguardar o tempo do outro sem trair o contexto. Como um maestro que rege toda uma orquestra e sabe o momento certo de solicitar aquele determinado instrumento, que para muitos não precisava estar ali fazendo parte daquele fabuloso grupo de músicos, mas que, quando acionado pela batuta do líder, por menor que seja a participação, é sensacional.

Já não podemos ouvir a música sem aquele detalhe. Aonde ele foi buscar aquele detalhe para aquele contexto? Foi buscá-lo em sua própria história, em fração de segundos usando toda a potência da intuição.

O líder busca em sua própria história a fase que resolve o atual problema e, no grupo que lidera, busca a pessoa que expressa e vive aquela fase que ele se recorda ter vivido e com que habilidade, qualidade, ela está sendo manuseada pela própria vida. Lembrando que as coisas boas da vida chegam com o tempo, mas as excepcionais, de repente. E de repente o líder descobre que o extraordinário se revela entre seus liderados, pois eles todos formam juntos sua própria história. O líder é capaz de valorizar o momento de cada um de seus subordinados.

Quanto mais nos enxergarmos no outro, mais recordaremos o caminho que fizemos e seremos capazes de amar e dignos de ser amados.

Você já parou para realmente observar por que você ama alguém? Claro que essa pergunta é extremamente complexa, porém no dia a dia com as pessoas que convivemos, aquelas que coincidentemente estão conosco por um tempo indeterminado e farão parte efetiva de nossa vida serão testemunhas do crescimento e desenvolvimento de um bom pedaço de nossa vida. Então melhor tratá-las muito bem, com respeito e dignidade, pois, como dizemos há muito tempo, o mundo dá voltas. Isso quer dizer que pessoas ressurgem em nossa vida em outras condições, posições, outros graus de conhecimento. Não fazemos isso por interesse simplesmente, mas porque a vida é assim.

Vamos amando o momento atual de nossa vida com desafios, oportunidades, condições e principalmente as pessoas que montam esse momento complexo ou simples. Tudo é um aprendizado. Algumas pessoas farão parte de toda nossa vida, e isso é uma graça. Serão elas as grandes testemunhas do nosso sucesso, serão elas que contarão nossos feitos, serão elas que nos defenderão, que envelhecerão ao nosso lado, serão as pessoas que mais amaremos ao longo de nossas vidas. Por isso a quinta fase do homem vencedor é de felicidade que amadurecemos em sentimentos, saudade, amizade, gratidão, solidariedade, responsabilidade e altruísmo. A vontade de ajudar as pessoas a chegarem aonde chegamos e de transmitir o que se aprendeu é uma das coisas mais emocionantes da vida. No fim, é só isso que conseguiremos fazer, porém é a coisa mais prazerosa que já experimentamos: ser mestre!

A quinta fase do homem vencedor reserva também duas coisas muito boas:

1. Podemos ter outra ideia sensacional e percorrer o caminho desde o começo: da primeira à quinta fase, e isso tornará a vida ainda mais emocionante. Já pensou? Com toda sua experiência, viver as 5 fases defendendo uma nova inspiração? Fantástico! Eu quero isso aos 50, 60, 70, 80, 90 anos. Quero morrer inovando e sendo admirado por ter um gozo interior de contribuir nesse mundo que Deus criou e que amei no meu tempo de viver.

2. Entendi que entrei na tenda no meu tempo, combati o bom combate. Vi, foquei, ouvi, senti coisas que só eu, com meu jeito, senti. Fiz coisas que só alguém como eu poderia ter feito e amei cada momento. Em nada perdi,

empatei ou ganhei com alguém. Fui e sou exclusivo, ver minha história ser lida enquanto ainda estou vivo, por meus amigos, filhos, por minha esposa é emocionante. Como se fosse uma nuvem de testemunhas que se admiraram com a superação de alguém comum que simplesmente nasceu para dar certo.

Eu entendi – entrei na tenda do meu tempo. Olhando para trás, tudo começa a fazer sentido. Em determinadas fases, dificilmente entendemos o que verdadeiramente estamos passando. Vamos seguindo pelo *feeling*, pelos sentimentos, sejam eles bons ou maus. Somos assertivos ou não. Quantas vezes usamos a expressão "Que pecado" – do latim *peccatum*, que quer dizer errar o alvo? Quantas vezes erramos o alvo na vida, quantas vezes tivemos de repensar, recomeçar e reaprender? Dizemos e fazemos novamente aquilo devido à imaturidade.

Chegar à quinta fase é encontrar a maturidade, porém aquilo que é maduro tem que ser mais protegido. Uma fruta madura tem a casca um pouco mais fina, é o limiar da podridão. O ideal é mantê-la protegida e em companhia de frutas novas, um ambiente que fará bem para ela.

Uma empresa que possui a mescla de jovens e anciãos, CEOs e aprendizes é uma empresa saudável em todos os níveis. Do chão de fábrica à sala da diretoria. Todos entendem e sabem que a caminhada de cada peça desse mosaico é extremamente importante, pois alguém, lá no subsolo, no porão das máquinas pode estar sendo contemplado por uma nova ideia, que irá colocar a empresa, instituição, família, comunidade ou o país em melhor funcionalidade, e que está começando a primeira fase, ou seja, está sendo zombado. E em outra extremidade existe uma pessoa referência, que ainda se recorda de seus primeiros momentos nessa escala do homem vencedor.

Quinta ferramenta
Humildade
Considerar o outro superior a si, pois para servir é necessário estar sob, ou debaixo de, um valor chamado respeito.

Toda pessoa que verdadeiramente se sentir respeitada verá seu servidor como superior. Analisando o garçom: ele está em pé, e você, sentado. Ele está devidamente vestido, e você, nem sempre. Ele conhece o vinho sempre, você, às vezes. Ele já experimentou a comida, você ainda não. Ele está recebendo, você está pagando. Ele está ali todos os dias, você apenas quando tem dinheiro.

Se eu fosse você, veria com outros olhos quem lhe serve. Do garçom ao borracheiro, passando pela enfermeira e pelo motorista de ônibus, todos sabem mais do que nós e nos servem.

Quando chegar a nossa vez de servir, saberemos mais que alguém e estaremos simplesmente a serviço dos outros. Isso é ser humilde.

Ter essa ferramenta nos garante o primeiro lugar, afinal já foi escrito: "Os últimos serão os primeiros".

A humildade é um estágio interessante da vida, e quem a vive com sabedoria se sente feliz sempre. Amor, alegria, firmeza e paciência se formam como uma camada de folhas sob a sombra de uma árvore, que deixa cair seus frutos ou deixa que o apanhem.

Pessoas buscam sua sombra, o oxigênio é purificado nela. Muitos sobem na vida subindo na árvore, e até os pássaros levam sua semente a outros campos.

Quando se percebe, outra árvore igual nasceu e cresceu em um lugar que era longe.

O humilde tem a consideração dos homens e a aprovação de seu Criador. O humilde está aberto e disposto a começar de novo, por isso novas ideias surgem com facilidade. Não se importa em voltar à primeira fase, pois já entendeu o ciclo da vida, e está afim de começar de novo, pois se tornou sábio e se lembra do sabor maravilhoso das quatro fases anteriores. Sabe que existem pessoas que ele ama e adoraria poder voltar a lugares onde já esteve para reencontrá-las.

> O humilde não se importa de ser confundido com: amor, alegria, firmeza ou paciência, pois é feito de tudo isso.

O humilde não se importa de ser confundido com: amor, alegria, firmeza ou paciência, pois é feito de tudo isso.

Preste bem atenção nas palavras-chave que você leu ao longo desse caminho feito por essas páginas.

> ideia firmeza inspiração exemplo
> referência ouvir humildade zombado
> admirado elogiar amor escutar
> considerado respeitado alegria
> relacionamento paciência liderar sonhos

Quando essas palavras e o significado de cada uma delas estiverem fazendo parte do seu dia a dia, é sinal de que você se transformou na pessoa mais interessante do seu tempo em seu espaço. Todos que estiveram ao seu redor irão suspirar por uma palavra ou por um olhar, pois você é o líder, você é a referência, você é humildade, e nem Deus resiste ao humilde, e seu caminho foi um processo lindo totalmente inimaginável.

Quando foi zombado pela primeira vez por causa da ideia colocada na mesa, você se viu diferente; hoje, há uma gratidão interior. Sabe em quem foi transformado, transfigurado. Você pode ouvir a mesma frase ouvida por Jesus no Rio Jordão: "Este é o meu filho amado; nele está o meu agrado" (Mt 3,17).

Afeição: capacidade de dar afeições ou capacidade de ter feições.

Você se parece com seu Criador e foi capaz de gerar essa semelhança ao seu próximo. Aquele que você se aproximou, todos estão felizes por você ter conseguido ser o que Deus imaginou. Poucos conseguem fazer e concluir esse caminho, por isso há tal satisfação e alegria ao seu redor.

Está constrangido? Calma, é assim mesmo. O elogio constrange, mas é real e potencializa. Você é uma pessoa vencedora, e não há nada que possa negar isso. Seu caminho, sua história, por mais difícil que seja o momento em que você o atravesse, não consegue negar esse fato.

Bom, e agora?

Sei que é penoso encerrar um livro, talvez seja a parte mais difícil desses seis meses escrevendo. Mas creio que encontrei um final.

Se você sentir que está em uma zona de conforto, calma! Todos que chegam à quinta fase, à quinta qualidade e à quinta ferramenta, podem de repente dizer: "Tive outra ideia!".

Use essa ferramenta enquanto pode, pois, a qualquer momento, o Criador dará origem a outra coisa por meio de você.

Prepare-se!

**Acreditamos
nos livros**

Este livro foi composto em Adobe Garamond
Pro e impresso pela Gráfica Santa Marta para a
Editora Planeta do Brasil em maio de 2019.